JN098769

# 労働法トークライブ

森戸英幸・小西康之

有斐閣

# 前 説

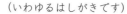

（いわゆるはしがきです）

　お芝居でもミュージカルでも，コンサートでも野外フェスでも，落語でも朗読会でも，サッカーでも野球でもバスケでも，とにかくジャンルは問いません，何でも「ライブ」って最高じゃないですか?! 生だから，本番そのままだから，ミスや不手際もあるかもしれない。でも同じ時間同じ現場で，同じ酸素で呼吸している演者の素晴らしいパフォーマンスと会場の熱気を一緒に体験できるって，この上なく貴重な，何物にも代えがたい時間ですよね？

　……あれ，押しつけがましい？　すいません。でも期せずして，新型コロナウィルス騒ぎのさまざまなイベント自粛で，上に書いたことの重みを皆さんも実感されてるんじゃないかと思います。早くまたライブに行きたいなあ。

　それはともかく。この本は，妥協の産物です。

　そんなものを読ませるのか！　と言われてしまいそうですが，労働法という，働く人すべてに関わる，でもまあまあ小難しい分野のトピックを，わかりやすく紹介し，できればちょっと楽しく皆さんに考えてもらいたい。それにはライブ感のあるトーク形式でいくのがいいんじゃないか。それって対談ってこと？　いや対談じゃなくて，あくまでトークライブです！　どう違うのかって？　対談は権威ある人がやるもんですよね，でそれをみんなでありがたく拝聴させていただくと。トークライブはもっと目線が低くて，参加型なんです。声援やかけ声，笑い，何ならブーイングもありです。ですので皆さん，ぜひこの本は，

あまりかしこまらず，心の中で（もちろん声を出していただいてもこちらは構いませんが……）細かいツッコミを入れながら読み進めていただければと思います。

　というわけで，本当は労働法のトークライブをさいたまスーパーアリーナとは言いませんがせめて新木場 Studio Coast，いやそれも厳しいな，吉祥寺の小ぶりなライブハウスとかで実際に開催したかったのですが，新型コロナの関係でライブ開催が当面は難しそうなので，ネタの旬が過ぎないうちにまずは書籍として出版しようということになりました。よく考えればわかると思いますが，これはもちろん嘘です。でも世間が落ち着いてきたら，本当のライブ開催になんとかこぎつけたいと考えています。これは一応本当です（内心の自由）。

　ここで，この本の構成をご紹介しておきましょう。

　まず，労働法上の面白そうな……と言ったら語弊がありますかね，なかなか悩ましいが今議論しておくべき問題，とでも言うべきでしょうか，とにかくそういうトピックを 10 個選んで，各章に割り振りました。世間が「働き方改革」でざわつく中，興味深いテーマはほかにもまだまだたくさんありますが，ページ数の都合もあり泣く泣く厳選しました。曲順，いや章の並び順にはそれほど大した意味はありませんが，大体労働法の教科書に出てくる順に近いかもしれません。

**Setlist**

　というわけでセットリスト，曲順表ですが，ライブ好きなら「セトリ」のほうがお馴染みですね。トピック一覧，要はこの本の目次です。でもこれまたライブによく行かれる方ならおわかりのように，セトリを先に教えてくれるライブって普通はありません。いやむしろみんな

「今日はあの曲やるかなー？」とかワクワクしながら会場に向かいますので，入口にセトリが貼ってあったら興醒めなんです。何なら暴動もんです。なのでトークのライブ感をより味わっていただくために，2ページ先の **Setlist**（p. v）はスキップしていただくことを強く推奨します。それならいっそ巻末に置いとけよ！　と言われそうですが，それはほら，この本は妥協の産物ですので，一応目次っぽい場所に。

　以下，セトリ，すなわち各章の構成です。

## Case

　各トピックに関わる論点を含んだ，実際にありそうな？　設例です。まずはこれにざっと目を通していただき，どこが労働法的に問題になりそうか，を考えてみてください。

## Talking

　トークライブ本編です。一応小見出しをつけていくつかのセクションに分けてはありますが，基本的には途中休憩なしのノンストップライブです。各章のテーマについて，著者2人がお互いの率直な見解をぶつけあっています。2人とも一応研究者の端くれですので，論文として書く場合にはもう少し整理して，かつきちんと根拠を示した上で抑制的な記述に努めるのですが，これはライブですので，いろいろと思い切ったことを，深く考えずにしゃべってしまっています。学術論文には引用しないほうがよいかと思います（が，されたら喜びます）。

## Closing

　トークだけだとあまりにまとまりがないかなと思い，一応まとめのセクションを設けました。とはいえ好き放題トークしてきて急にそつなく終わらせることもできないので，特に誰に聞いてもらいたいのか，

という観点で対象者ごとに話を整理してみました。「意識高い系若者たちへ」は労働法に関心のある大学生・大学院生の皆さん，「現場の労使の皆さんへ」は企業現場の労働者あるいは経営サイドの管理者の皆さん，もしくは労働組合関係者，そして「霞が関の皆さんへ」は厚生労働省を中心とする労働政策の立案に携わる皆さん，をそれぞれ意識したまとめです。

## Answer

**Case** で示した設例についての，現行法のルールに照らした一応の解答です。これが絶対だ，これ以外の答えはありえない，ということではもちろんありませんが，たとえば労働法の試験ではこれを書いておけばまあまあな点数はもらえるはずです（判例なんか知るか！ オレのエキセントリックな学説がすべてだ！ みたいな先生なら別ですけど）。

## Special Guest

実際のライブでもしばしばあることですが，本書も各章ごとにスペシャルゲストをお迎えし，現場からの本音，トーク本編への感想・疑問，本編で触れられなかった問題に関するコメントなどを収録させていただいています。インタビュー形式の章もあります。なにぶんライブの出演者が初老の男性研究者2人ですので，なるべくそこに欠けている要素——現場の視点，若さ，女性——を補っていただけるようなゲストをお呼びしました。なお，諸事情により匿名のゲストが多くなってしまいましたが，ちゃんと実在する方に話を聞いています。ゲストの皆さん，お忙しいところ本当にありがとうございました。

さて，前説は以上です。いよいよ労働法トークライブの始まりです！（携帯電話の電源はお切りください！）

# Employment Law Talk Show

## Setlist

performed by H. Morito & Y. Konishi
LIVE from JIMBO-CHO

# 採用の自由
―― あなたが欲しい

=== Case ====================================

アリタ社長「オマエらにまかせてたらロクな新人入ってこないからさ，オレが採用基準考えてやったぞ！　ありがたく思えよ！」

秘書イマリ「はっ。ただ，社長，やはり採用基準とするからにはそれなりの根拠を示す必要があるかと思いますが」

アリタ「んなことわかってるよ，ちゃんとそれも考えたから！」

（ウレシノ産業新人採用方針）
　以下に該当する者は採用対象としないものとする。
　　①〇〇党支持者あるいは××教信者　　生理的に受け付けない
　　②一人っ子　　前に出る意欲ゼロ
　　③親が文系の学者　　世間に役立とうという発想に欠ける
　　④40 歳以上　　もはや終わっている
　　⑤ブサイク　　営業は顔が命！
　　⑥血液型が B 型　　どうも合わない

イマリ「……社長，あの，ホントにこれ……」

アリタ「なんだよ文句あんのか？　社長のオレのビッグデータが導き出した答えだぞ！」

イマリ「そもそも応募者がその基準に該当するかどうか，調べようがないものもありますし……」

アリタ「直接聞けばいいだろ面接で！」

イマリ「（……いいのかな，これ……）」

森戸　「森戸・小西のオールナイトニッポン」！　えー，皆さんこんにちは。今日のテーマは「採用の自由」ということでね，皆さんからおハガキいただいているんですけれども，いろいろ掘り下げていきましょう。どんどん合いの手入れてください，1人でしゃべっててもあれなんで。

小西　おハガキは今どきちょっと古いんちゃうかと思いますが……わかりました。

森戸　採用の自由というものが企業にはあると言われてまして，要するに，好きな人を好きな基準で採っていいでしょう，その自由が会社にありますよ，ということ。で，それにはいろんな局面があると言われていて。

小西　そうですね。

森戸　たとえば募集方法の自由。つまり，公募する義務は企業にはないと。学生としゃべってるとよく「あそこの会社はコネでしか採らない，許せない」みたいな話が出てきますけど，別にコネで採用してはいけないという法律はない。だから別にコネで採用しても悪くはない。コネのほうがいい人を採れると思っているからそうしているわけだから。でもそうじゃなくて，〇〇ナビとかそういうところに公募を出したければ出してもいいけど，別に出さなくてもいい。そういう募集方法の自由というものがあります。

　そしておそらくいちばん大事なのは，採用基準の自由ですね。どういう基準で人を採用するか。

小西　そうですね。

森戸　「そうですね」しか言わないじゃん（笑）。もうちょい来て（笑）。

小西　わかりました（笑）。

森戸　好きな人を好きな基準で採用してください。それが採用の自由ですよと。元をたどればおそらく契約の自由でしょう。誰と契約しようと自由だと。

小西　憲法ですよね。憲法からきているというふうに言われて。

森戸　憲法からきてるの？　契約の自由って。

小西　契約の自由というか採用の自由……

森戸　あぁ，まあ，営業の自由ということ？

小西　そうそう。憲法22条・29条というふうに一応，教科書的には説明されてますよね。後で議論に出てくる三菱樹脂事件最高裁判決も言及しているところです。

森戸　まあだから民法でいう契約の自由なんでしょうね。いずれにせよ，誰と契約を結ぼうが自由ですよ，と。契約を結ぶか結ばないかを決める基準もあなたの自由です。それがおそらく採用の自由なんでしょうね。

## ▼　何はなくとも三菱樹脂事件

小西　採用の自由といったらなんといっても三菱樹脂事件ですよね。

森戸　有名な判例だよね。三菱樹脂ってどこにあるのかな。丸の内にあるのかな，やっぱり。

小西　どこにあるかはわからないですよね（苦笑）。……ネットで調べたら，今はほかの会社と統合しているみたいです。

森戸　まあ三菱村にあったんでしょうね。

小西　うんうん。

森戸　で，樹脂ってなんですかね，そもそも。何かやわらかいゴムみたいなやつですかね。

小西　たぶんそれでどんどんいろんなものを，石油から何かいろいろ作る……

森戸　実はいろいろわかってないね。もうちょっとそういうのも知っ

たほうがいいかもしれない。まあても全然関係ないんだけど。三菱樹脂は結構複雑な事案であるけれども，結局論点としてはどういうものだったんですか？

**小西** 学生運動をしていた人がいて，そのことを……って私あんまり覚えてないんですけれど……

**森戸** 覚えてないのかよ！（笑）って俺もそんなに覚えてないから大丈夫。

**小西** 学生運動とかをしていたことを，伝えなかったんでしたっけ。

**森戸** うん。でもこれ事案は実は結構複雑で，実際に起きたのは試用期間後の本採用拒否なんだよね。

**小西** そうですね。なのでちょっとややこしくなるんですよ。

**森戸** まても論点としては，思想・信条，具体的には学生運動をやっていたとかいう話だけど，思想・信条を理由にして，それを採用基準にして，会社が採用を拒否していいかという話ですよね。

**小西** そこがまあ問題になってくる。

---

三菱樹脂事件・最大判昭和 48・12・12 民集 27 巻 11 号 1536 頁

「憲法は，思想，信条の自由や法の下の平等を保障すると同時に，他方，22 条，29 条等において，財産権の行使，営業その他広く経済活動の自由をも基本的人権として保障している。それゆえ，企業者は，かような経済活動の一環としてする契約締結の自由を有し，自己の営業のために労働者を雇傭するにあたり，いかなる者を雇い入れるか，いかなる条件でこれを雇うかについて，法律その他による特別の制限がない限り，原則として自由にこれを決定することができるのであつて，企業者が特定の思想，信条を有する者をそのゆえをもつて雇い入れることを拒んでも，それを当然に違法とすることはできないのである。」

「右のように，企業者が雇傭の自由を有し，思想，信条を理由として雇入れを拒んでもこれを目して違法とすることができない以上，企業者が，労働者の採否決定にあたり，労働者の思想，信条を調査し，そのため ↗

森戸　なんかそう聞いたらさ，人を思想・信条でそんな差別して，お
まえの思想・信条が嫌だから採用しないとか，絶対言ったらいけない
ような気もするんですけど。

小西　はい。

森戸　ところが最高裁は意外なことに，「法律その他による特別の制
限がない限り……企業者が特定の思想，信条を有する者をそのゆえを
もつて雇い入れることを拒んでも，それを当然に違法とすることはで
きない」とした。

小西　そうです。

森戸　つまり，思想・信条を理由に採用拒否してもよろしいと言った
判例，これ 1973 年ですよね。

小西　僕，生まれてちょっと。

森戸　生まれたばっかり？

小西　2 歳。

森戸　覚えてる？

---

　　＼　その者からこれに関連する事項についての申告を求めることも，これ
を法律上禁止された違法行為とすべき理由はない。もとより，企業者は，
一般的には個々の労働者に対して社会的に優越した地位にあるから，企業
者のこの種の行為が労働者の思想，信条の自由に対して影響を与える可能
性がないとはいえないが，法律に別段の定めがない限り，右は企業者の法
的に許された行為と解すべきである。また，企業者において，その雇傭す
る労働者が当該企業の中でその円滑な運営の妨げとなるような行動，態度
に出るおそれのある者でないかどうかに大きな関心を抱き，そのために採
否決定に先立つてその者の性向，思想等の調査を行なうことは，企業にお
ける雇傭関係が，単なる物理的労働力の提供の関係を超えて，一種の継続
的な人間関係として相互信頼を要請するところが少なくなく，わが国にお
けるようにいわゆる終身雇傭制が行なわれている社会では一層そうである
ことにかんがみるときは，企業活動としての合理性を欠くものということ
はできない。」

小西　覚えてないです（笑）。僕小さい頃だから全然覚えてないですよ。

森戸　俺も覚えてないんだよね。三菱重工爆破事件は覚えてるんだけど。

小西　かつ，僕東京じゃなかったから。

森戸　あぁそうか。って それ関係あるかな。ここそんなに広げなくていいよ（笑）。

　ともかく判例はそう言ってる。ちょっと意外だよね。学生に教えても，「え，そんなことしていいんですか」みたいな。

小西　学生に手を挙げさせてもね，おかしいと。まず最初の時点ではそう言いますよね。

森戸　手挙げさせたりするんだ。

小西　挙げさせたりしますね。最初と，あと，読んでからどうか，と。

森戸　これがおかしいと思う人，とか？

小西　うんうん。

森戸　結構いっぱい挙がる？

小西　そうですね。まあ4分の3くらいは挙がる。

森戸　あ，じゃあ4人のクラスで3人ていうことですね。

小西　16人のクラスだと……（笑）。

森戸　まあでもそれはそう思うよね，普通だめだと。

### ▼「法律つくればいいじゃん」と日本的雇用慣行

小西　でもこの三菱樹脂事件というのは，今も話があったんですけど，40年以上前の判決だから，現在でも本当にそう言えるのかどうかというのは大問題。

森戸　そこは議論がありますよね。でもそもそもなんでそうなのかっていう理屈なんですけど，もちろん営業の自由，契約の自由があるからしょうがないでしょ，という理由ですけど，それから，法律がない

んだから，法律があれば別ですよと。実際その後，たとえば男女雇用機会均等法とかができて，性差別は募集・採用のときもだめですよと，法律ができた。それまでは別に男女差別的な採用も違法じゃなかったわけですけど，法律ができて，強行規定になって違法になった。だからそれと同じで，思想・信条差別も法律がないんだからしょうがないでしょうという理屈。あとはまあ日本的な雇用のあり方。

小西　そこですよね。

森戸　長期雇用制で，つまり雇ったら簡単にクビにはできないよという解雇権濫用法理を中心としたルールがあると。だからいわばそれとのバランスで，その代わり，雇うときは，好きな人を好きな基準で雇っていいよ，でも雇ってからは簡単にクビにしてはいけないよ，と。まあいいかどうかはわかんないですけど，そういうバランスもとってるんじゃないかみたいなことは言われますよね。

小西　そうですね……すみません，細かいんですが，解雇権濫用法理を確立したとされる日本食塩製造事件という判例が出たのが昭和50年なんて（最判昭和50・4・25民集29巻4号456頁），それより前の判決ではあるんですよね。

森戸　三菱樹脂事件がね。でも別に日本食塩製造事件まで解雇権濫用法理がなかったわけじゃないですよね。

小西　そうですね。

森戸　解雇権濫用法理というよりはやっぱり長期雇用制というのかな，そういうものがすでに完成していたんじゃないですかね。

小西　そうそう。三菱樹脂事件は，ちょっと先走りですが，調査の自由のところで終身雇用制が行われている実態を指摘してますよね。

森戸　まあ1つの説明としてね。で，学説上はこの三菱樹脂の判例にはいろいろ批判はあるわけですけど，ただ最高裁はその後のJR北海道の事件でも，あれ平成15年かな，そのぐらいでも一応この判例を引用しているんだよね（最判平成15・12・22民集57巻11号2335

頁）。最高裁はおそらくこの判例が間違っているというふうには思ってないのかなっていう気がします。

小西　JR の事件は組合差別ですね。

森戸　そうそう。結局はだからこの判例でいいのかっていう議論はもちろん批判もあるけれども，言ってみれば 1 つの答えは，法律による特別の制限がない限りって言っているんだから，そんなに思想・信条の採用差別がだめだと思うなら，国民は，みんなで頑張って立ち上がって国会議員に法律つくらせろと。思想・信条差別禁止法をつくればいいわけだと。現に均等法もできたし，たとえば障害者差別禁止とか，年齢差別的なものを禁止する法律とか，こういうのがやっぱりその後できてきた。それはやっぱり社会的にこういう募集・採用の差別もいけないよねってみんなが思ったから法律になったと。とすれば，思想・信条もそうなればいいわけで，ならないんだから，つまり，みんなそんなに悪いと思ってないのか，やる気がないのか知らないけど，法律ができないんだから，まあしょうがないんじゃない，というのがまあ 1 つのあきらめというか。

小西　そうですね。

森戸　不満そうだな。

小西　それはまず立法論で対応するということも 1 つ言えると思いますけど，最近でいったら LGBT 差別みたいな問題もしょうがないんちゃうん，ということになるのかどうか。あと，法律で採用の自由を制限すると，理論上は憲法上の問題も出てきそうですね。それと，先ほど森戸さんがおっしゃったみたいに，日本型雇用システムと直結というか大きく関係しているというふうに，三菱樹脂事件は読むことができるので。

森戸　あれ，さっきそう読むべきでないって言ってなかった？　日本食塩よりも三菱樹脂のほうが前に出てるからとかなんとか。

小西　いやまあ，それはちょっとした小ネタじゃないですけど。

森戸　小ネタだったんだ。

小西　あれ，小ネタですよ。解雇権濫用法理が形成されていく順番ていうのは結構授業でも言っていて。まあそれはいいとして。日本型雇用システムとの関係ということも言われているから，日本型雇用システムが変わってくると，採用の自由の枠組みというのも，もしかしたら変わってくるかもしれないですけれども。

森戸　まあね。変えるべきだってね。つまりもう長期雇用とか雇用保障という時代でもないんだから，ていうことね。

小西　はい。

森戸　でもだったらなおさら法律で変えればいいんじゃないのって気もするけどね。そういうときこそ法律で世の中を変えればいいんじゃないかとかも思いますけどね。

　それで，いろいろ批判はあるかもしれないけれども現状としては一応こういう判例があると。

小西　はい。

### ▼ 基準にしていいんだから調査してもいいだろ?!

森戸　て，この延長てっていうか，三菱樹脂の判例はもう1つ言っていて，つまりこうやって思想・信条を理由に採用拒否していいんだと。っていうことは，思想・信条を採用の基準にしていいんだから，当然会社としては，思想・信条を，聞いて調べる必要があると。これ調査の自由と言いますけど，「あなたの思想・信条はどうなんですか」って聞いて，「あ，そういう思想・信条ですか」と。まあ思想・信条ってね，宗教的なもの，政治的なものってあると思うんだけど，たとえば「あなた，その宗教なんですね，じゃあ採用できません」って，まあいわばそういうふうにしてもいいでしょう，と。だって採用基準にしていいんだから，じゃあ調べたり聞いたりしてもいいでしょう，っていうことで，調査の自由というのも広く認められるよね，という

ふうに判例は整理していたわけです。

小西　そこが難しいですよね。

森戸　そう，で，そこは理論的にはわかるんだけど，今，特に現代ね，この調査の自由，これでいいのかっていう議論が出てきてますよね。そこのところ，ちょっと説明してくれますか？

小西　それは私いつも授業とかで話していて難しいなと。三菱樹脂事件も，さっき議論したような終身雇用制が行われている社会のこととか，本件では思想・信条そのものではなく過去の行動について調査されたこととか，いろんな事情をくっつけて調査は違法でないって言ってますしね。あとは現実の社会を見ていても難しいなと。

森戸　そんな現実の社会見てるんだ。東雲と御茶ノ水の往復しかしてないのかと思ってた。現実社会ってそんな，せいぜい豊洲ぐらいしか見えてないでしょ。

小西　生活圏バラさないでください（苦笑）。あとは新聞とか見ていて，採用の自由とプライバシーとか個人の情報とかとの関係というのがやっぱりいちばん気になっていて。これまでの裁判例では，HIV感染とか，B型肝炎の判決みたいなのがあって，本人の同意なくそういった検査をするというのは違法だというような判決が出ていたりもします。

森戸　それは，地裁ですか。

小西　地裁です（東京地判平成15・5・28労判852号11頁，東京地判平成15・6・20労判854号5頁）。これぐらいは授業とかでも説明するんだけれども，実際のところじゃあどうなんだ。いちばん気になるのは，健康情報を採用の過程の段階で聞くということはできるのかという問題ですね。

　その関係でいくと，三菱樹脂事件は，法律に別段の定めがない限り思想・信条を調査することができるというふうに言っていますけれども，他方で，厚生労働省が，「公正な採用選考をめざして」というパ

ンフレットを出したりしています。そこでは，採用選考時における血液検査等の健康診断は，結果として就職差別につながるおそれがある，って書いてあります。

---

厚生労働省「公正な採用選考をめざして（令和2年度版）」　　　　〔抜粋〕

---

［雇入時の健康診断］
◆労働安全衛生規則第43条に「雇入時の健康診断」が規定されていることを理由に，採用選考時において一律に血液検査等の「健康診断」を実施する（「健康診断書の提出」を求める）事例が見受けられます。
◆しかし，この「雇入時の健康診断」は，常時使用する労働者を雇い入れた際における適正配置，入職後の健康管理に役立てるために実施するものであって，採用選考時に実施することを義務づけたものではなく，また，応募者の採否を決定するものでもありません。
◆採用選考時における血液検査等の「健康診断」は，応募者の適性と能力を判断する上で必要のない事項を把握する可能性があり，結果として，就職差別につながるおそれがあります。

---

森戸　うん，だからこういうことかな。つまり，三菱樹脂の判決は思想・信条だけども，あのルールを原則に考えれば，たとえば健康情報についても，健康情報を採用基準にしちゃいけないっていう法律はないから，そうすると，健康情報で採用するしないを決めてもいいし，かつ，健康情報を聞いてもいいと。法律による制限がない限り。というふうに，三菱樹脂からはなりそうだと。

小西　そうですね。

森戸　ところが，現実には，健康情報を調べて違法だっていう裁判例がある，っていうことでいいのかな。

小西　健康情報を，その中でも特にセンシティブな部分を本人の同意なく，ですね。

森戸　そういうのを違法としたり，あと，実際その厚労省のパンフレットでも，健康情報とかを募集・採用時にそんなにみだりに聞くもの

じゃありません，みたいなことは書いてあったりもする。

**小西**　はい。それが，三菱樹脂事件の定めているルールとの間の兼ね合いで，どういう関係なのかなというのがあります。あまり教科書とかにも書いていないから。

**森戸**　そうですね。つまり，健康情報でも思想・信条でもいいんだけれども，まあ健康情報を，採用基準にするのはいい，っていうことと，でもそういうことをみだりに聞くのはプライバシーに関わるし，問題あるよね，と。場合によっては違法になるよね，っていうのは矛盾しないのか，おかしくないのか，っていうことですよね。それはどう考えたらいいんですか。

### ▼ 聞かなければいい？　たまたま知ってたならいい？

**小西**　それは難しくて，まず行政はみだりにいろんなことを聞くことはできないというふうにいろいろ言っているんですが，一部の個人情報の収集については職業安定法（職安法）上に規定があります。適正に収集・保管・使用しろと（5条の4第1項）。これに基づく助言・指導とかもあって，それに服さない場合には改善命令とか罰金もある。そういう公法上のサンクションというのがあるから……

**森戸**　だから，「法律に別段の定め」がちゃんとあるんだっていう理解？

**小西**　そこが難しくて，職安法上なので，それが民事，私法上の制限の中に入るかどうかというのが問題ですね。

**森戸**　それは微妙ですね。

**小西**　ただ実はそもそも健康情報は，職安法の指針（平成11年労告第141号，最終改正令和2年厚労告第160号）の収集してはならない個人情報について定めた箇所でも明示的には挙げられていないんですけど。

**森戸**　要は，特にセンシティブな健康情報は，判例によれば，採用基準にするのは構わないかもしれない。しかし，最近の裁判例とか行政

の扱いからすれば，そういうことを聞くのは，プライバシー侵害とか
からアウトかもしれない。とすれば，こういうことですね。つまり，
聞いちゃいけないと。聞いちゃいけないけど，もしわかったら，採用
基準にしてもよいと。だから，同意なく「君，何かの病気なの」とか
「君，思想・信条どうなの」って聞くのはまずい。プライバシーに関
わるから。でも，たまたま聞かないのにわかっちゃったらしょうがな
い。

小西　Facebook とかみて。

森戸　Facebook で，たとえば「僕は〇〇教信者です」って書いてあ
ったとか，あるいは「僕はこの病気を持ってます」ってわざわざ教え
てくれたら，「あ，それじゃあ採用できないね」っていうのはいいと。
それが現行法のルールですかね。プライバシーを侵害してなきゃ，採
用基準にしてもよいと。

小西　今までの議論の流れからするとそうなっちゃいそうですね。

森戸　だからそれでいいのか，っていう話だよね。

小西　うーん。職安法の指針では，思想・信条とか一部の個人情報は
原則収集してはならない，とはされていますね。「収集」の定義によ
りますけど。

森戸　考え方としては３つですかね。第１に，それでいい，プライ
バシーを侵害して手に入れた情報じゃないんだから，採用基準にもし
てよいと。それで法的なバランスは一応とれていると考える。第２に，
本来聞いちゃいけないような，プライバシーに関わるような健康情報
とかを，採用基準にしていいと判例を読むのがおかしい。やっぱりそ
ういう理由で採用拒否するのは違法なんだ，だから聞くのももちろん
だめだ，という考え方。第３に，いや別に何を聞いてもいいんですよ，
判例が採用基準にしていいって言ってることは聞けなきゃ困るでしょ，
行政のルールとかそういうのはあくまでもガイドラインであって，本
当に必要な場合聞いていいんですよ，と考える。昭和 50 年代の考え

方かもだけど。

小西　そこが難しいというか，まあ三菱樹脂事件を前提とすれば聞けるということにはなっちゃうんですよね。でも最近，採用選考時にHIV感染の事実を告知する義務はない，医療機関であっても基本的にはHIV感染の有無を確認することに正当性はない，とした裁判例も出ました（北海道社会事業協会事件・札幌地判令和元・9・17労判1214号18頁）。時代は変わってると思います。

森戸　じゃあどうしたらいいんですかね。まあ，法律つくれっていう話かもしれないですけど。

小西　うーん。

森戸　実はアメリカの軍隊で同じような話があって。同性愛者は軍隊にいちゃいかんというのが原則。だから同性愛者だっていうことを明言されたらそれはやっぱり軍隊からクビだよ。でも言わなければ別にわからないから，言うなと。こっちも聞かないと。プライバシーを侵害するようなことはしないと。ただもしカミングアウトして「私はゲイです」と言われたら，それはクビにするよ，みたいな。クリントン政権時代にできた「don't ask, don't tell」というルール。その後オバマ政権はこのルールを撤廃，しかしトランプ政権はまた別の形で同性愛者を軍隊から排除しようとしているらしいですが，とにかく，まあある意味日本でも「don't ask, don't tell」でなんとなく微妙なバランスをとって問題をごまかしてきたということなんでしょうね。

小西　アメリカは採用の時点でも信条による差別とかっていうのは日本みたいに……

森戸　信条って言わないけどreligionだよね，連邦法で禁止してる差別は。州法のレベルはまた言葉が違うけど。アメリカは政治的信条っていうのは別に採用基準として当然に悪いとは思っていないみたいだよね。でも宗教的信条は別。

小西　聞いても聞かなくても差別してはいけない。

森戸　うん。聞こうが聞くまいがね。まあ聞くことも，おそらく採用時にそういうことを聞くっていうのは，そういうことの差別の推定につながるっていう考え方をするんじゃないですかね。直接禁止しているかどうかは別として。

### ▼ 仕事に関係あるかどうか，って誰が決めるの？

森戸　結局，思想・信条とか，健康情報でもいいですよ，仕事に関係あることならしょうがないけど，仕事に関係ないことは聞くべきじゃないと。仕事に関係ないことを採用基準にすべきでない。そういうのは言葉としてはわかるんだけど。

小西　わかりますよね。

森戸　ただ，仕事に関係あるとかないとか，誰が決めるんだっていったら，それは，商売をやっている企業がね，「いや，うちの会社ではやっぱり思想・信条重要なんですよ」と。これはもっと違う例で考えればわかるけど，たとえば血液型で採用拒否していいかって考えたときに，血液型差別禁止法っていう法律はないから，血液型で採用拒否してもおそらく三菱樹脂の判決からすれば OK だと思うんですけど，そのときに，でも血液型なんてそんなくだらないことをね，採用基準にしたり聞いたりね，そういうのはけしからん，違法だ，という考え方もありうる。ただじゃあ，「いや，うちの会社は血液型が仕事に関係あるんです，うちの会社は B 型の人はだめなんです，やっぱり A型じゃないとね」みたいなことを本気で社長が思っているときに，いやそれはだめです，とか言う必要まであるのかと。それは，社長が B型は嫌だと思っているならしょうがないんじゃない，と。それは法律がだめだと言っているわけじゃない限り。つまり，仕事に関係があるとかないとかというのは，ある程度裁量的な判断っていうか，会社の判断を尊重せざるをえないんじゃないの，という問題もあるような気がするんだよね。

小西　血液型を聞くことって，厚労省発行の資料（「公正な採用選考を
めざして（令和2年度版）」28頁）では，就職差別につながるおそれあ
り，とされています。それはそうとして，他方で，じゃあ，たとえば
健康情報とかね，全部会社の運営に関係あるんだということで，採用
時に全部オープンにさせることはできるのか，という。

森戸　だからそこだよね。血液型とかだったらさっきの話でいいかも
しれないけど，健康情報っていうのはやっぱりちょっとわけが違うと。
やっぱりこの病気だとこの業務には具体的に差し障るよね，というよ
うなことが明らかじゃないといけない，っていうのはわかるんだけど，
他方で，これはまあ日本の労働契約のあり方にも関わるけど，結局あ
んまり職務とか職種を限定しない，いわゆるメンバーシップ採用なわ
けですよね。そうすると，広い意味でやっぱりあんまり健康に問題な
いような人じゃないと——別にB型肝炎にはできない仕事ってわけ
じゃないけど，長期的にみてB型肝炎とかだとやっぱり少し配慮が
必要だし，仕事上差し障るよね——っていうことがあるのかも。

小西　そこで今森戸さん言わはりましたけど，やっぱり配慮っていう
のがこれから必要になってきますから。

森戸　そうだよね。そこもややこしいんだよね。

小西　障害者雇用政策も進展してきて，最近も障害者雇用促進法も改
正されて，採用時も含めていろんな規制がある中で，あんまりその調
査をどんどん認めると，どうなんですかね。ここ，難しいですね。

森戸　でも他方で，障害者雇用に対して配慮しろっていうことは，そ
の人がどういう障害とか病気かっていうことは明らかじゃないとい
けないんだよね。

小西　そうですよね。でも採用選考時に会社が聞けるかという問題と
は別物かもしれませんね。

森戸　話しているうちにだんだんわからなくなってきたな。

▶ 意識高い系若者たちへ

森戸　最後に，今全然まとまってないけどさ，まとめるとして，じゃあたとえば今のテーマで意識高い学生にもうちょっと考えてもらおうっていうことをまとめるとすれば何になるんですかね。

小西　うーん。

森戸　まあやっぱりだから採用の自由は広いということと，プライバシーの観点から，みだりにそんなセンシティブな情報を聞くもんじゃないよというルールは，両方ともそうかな，って思うけど，これ実は衝突するよね，と。

小西　はい。

森戸　これ折り合いとるのは実は難しいよね，ということは現行法の問題点として，認識すべきだということは言えますよね。

小西　そうですね。一応やっぱり三菱樹脂事件というのは，どう評価するかというのは難しいけど……

森戸　あんまりプライバシーという観点がそんなに言われていない時代に，採用の自由，採用の基準の自由が広いっていうことの帰結として，調査の自由は広いっていうところで落ち着いたんでしょうけど，そこがやっぱり，調査の自由のほうから揺り戻しがきているっていうのが現在ですかね。

小西　選択の自由のほうも制約されてきてますよね。そう考えると，「採用の自由」って広く認められるって教わってきましたけど，内実の評価は難しいなって思ってます。いずれにしても，三菱樹脂事件最高裁判決をしっかり読んでほしいですね。

森戸　いい先生みたいなこと言うね！

森戸　とりあえずなんか答えのほしい現場の人は，結局そういういろいろややこしい状況だっていうのはわかったけどどうすりゃいいんだろう，採用のときに。

小西　まずは，法律上の根拠があるのかどうかっていうのをまずチェックするということは1つありますよね。

森戸　そういう基準で採用していいか悪いか。

小西　はい。

森戸　まあでもあるものというのは，今の法律で言えば，性別，例外はあるけど年齢，障害。あとは労働組合活動，これは議論はあるけど。ほかには。

小西　個人情報との関係では職安法とかその他のガイドラインも。

森戸　基本はだからあんまりいろんなことは聞けないってことだ。そんなセンシティブなことはね。

小西　あとはまあざっくり言うと，森戸さんがさっきまとめはったみたいに，その情報を得る必要があるかというのと，本人の同意というところにたぶん集約はされるんだと思うんですけど。

森戸　でも話戻っちゃうけど，さっき，必要があるかっていうのは。

小西　裁量の範囲が。

森戸　ある程度幅はあるんだろうけど，少なくとも合理的な説明ができるようにしておく。採用基準として明示するのであれば，やっぱり仕事との関連で，こういう仕事をするので，こういうことがあってはまずいですっていうのは，理論武装をしておく必要があるっていうことかな。

小西　ですよね。説明責任っていうのが。

森戸　ある程度裁量的な余地があるとしても，っていうことですかね。

小西　はい。

## ▶ 霞が関の皆さんへ

森戸　あと，今後日本の法政策がどういう方向にいくべきかっていう
ところはご意見どうですか。私なんかは冷たい人間なんで，そんなに
思想・信条の差別がだめだって言うなら法律つくれよ，できるだろう，
できないんだからそういうことだよ，って思ったりするんですけど，
その辺はどうですか。

小西　うーん，方向性としては，日本型雇用社会がどんどん変わって
いったりしている中で，採用の自由自体が原理的に三菱樹脂事件でど
こまでいけるかどうかっていうのも，あわせて必要じゃないですかね。

森戸　解釈論としても。

小西　解釈論としても検討の余地があるかなと。三菱樹脂事件も公序
良俗違反があればアウト的な判断もしてますね。

森戸　でも解釈論ってさ，結局それこそ最高裁まで事件がいかないと
出ないんですよ。そんなの，みんな結局裏では思想・信条差別とかし
てるかもしれないけど，そんなもの表に出ないわけじゃない。

小西　まあでもプライバシーの事件とか，地裁で蓄積されてくると，
いろいろそこでまたルールができてくる。

森戸　まあね，それはそうかもしれない。でもそれもやっぱりだから
法律つくれば，っていう気もするけどね。やっぱりでもそうは言って
も，法律つくるの大変だなっていうのは，いろいろ行政の動き見てれ
ばわかりますけれども。

小西　法律をつくるにあたっても，そういった前提の問題状況ってい
うのを正確に把握することが必要じゃないですかね。個人情報取得も
本人の同意があればOKだとして，そもそも本当にOKしたとどう確
認するのかも問題になるかもしれません。個人情報とかプライバシー
の問題と，採用の自由との問題を整理して把握するのって本当に難し
いなっていうところを正確に把握していただいて，じゃあどういう法

THEME
01
採用の自由

19

律が必要なのかを考えてもらえたら。障害者雇用政策との連携も意識しながら。

------------------------------------------------ **Answer** ---

　アリタ社長の採用基準①は，まさに思想・信条に関わるものであり，三菱樹脂事件判例によれば採用基準にしても当然に違法ではないが，採用時にそれを調査することはプライバシーの観点から問題となりうる。②③⑤⑥についても，法律上これを禁止する規定はないので，採用の自由の範囲に属するものとして許容されるであろう——世間的に誉められた基準とは言えないかもしれないが。

　なお④については，かつては問題がなかったが，現行法上では労働施策総合推進法9条という「法律による特別の制限」が存在するため，現在では違法なものとなる。

## 某大企業人事担当者Ａ氏によるコメント

### 「機微なことは遠回しに聞く」

　大手企業はまだ一括採用，終身雇用を前提としていますから，企業にとって採用業務は極めて重要な位置づけを持っています。体制もしっかり組んで対応していると思います。

　法律上は，面接で，おそらくたいていの質問はできると思いますが，面接でこういうことは聞くな，みたいな一般的ルールはあります。今は，面接で何を聞かれたか，その日のうちに企業名とともにネットで拡散します。会社も，そういうことをチェックしています。たとえば，新聞は何を読んでいるかとか，愛読書は何ですかとかは聞かないことになっています。三菱樹脂事件が基本であり，採用の自由が基本的に広いという思いはありますが，こういうことは聞くなというのはものすごくちゃんと決まっています。しかし，会社としては当然知りたいことはあります。では何をどう聞くかということなりますが，本当に機微な話ですが，直接は聞かないけど，遠回しに聞くっていう聞き方はやっぱりあります。採用面接を何段階も行うというのはそういう意味もあるのです。

　三菱樹脂事件で問題になった思想・信条みたいな話はやっぱり気になりますよ。入社後に全体の協調や秩序を乱すリスクは，どの企業も考えるのではないでしょうか。したがって，少しでも危ないなと感じられる学生は基本的に採りません。フェイルセーフということです。やっぱり長期雇用，終身雇用なので，採用すればずっと企業が抱えていなければならない。そのリスクに対する意識が，採用担当の人たちの中に根強くありますね。採ってだめだったら解雇すればいいという社会ではないですから。世間から外れたような人のほうがイノベーションを起こすかもしれない？　そうかもしれないですけど，それはやっぱりリスクとメリットの比較衡量です。

### 「昔はダブルスタンダード」

　まだ，女性に「結婚をしたらその後仕事どうするの」って聞いてい

THEME

01

採用の自由 ──

る企業もあります。日本の企業は長期雇用を前提に育成していくので，要員計画が読めないのは困りますから。特に少数しか採らないような企業だと，途中で辞められては困ります。結局，終身雇用的な話からくる。長期間貢献してくれる人を採りたいっていうことです。

　でも均等法ができた頃とはだいぶ違います。昔はやっぱりダブルスタンダードでした。女性は男性よりも，もう１つ能力的に抜けてないと採らなかったですよね。でも実際に女性が働き出して，今までやっぱりちょっとバイアスをかけて見ていたんだという反省はあります。女性の採用が進んだことによって，女性でもやっていけるっていうのがわかった。あと企業の切実な問題として言えば，人手不足が深刻化しているので，今まで労働市場の外にいたシニア世代と女性をいかに労働力として引き止められるかというのもあります。

　LGBT 関連では，面接票から性別にマルをつけるところを消しました。写真は貼ってもらっています。本人かどうかわからなくなりますので。LGBT はこっちからは聞けないですけど，向こうから言ってくるっていうのはありますよ。「大丈夫ですか」って。やっぱり市民権を得たんじゃないですか。健康情報，病歴も直接は聞かないですね。たださっきも言ったように遠回しに聞いていくようなことはあります。障がいも，昔のようにリスクファクターっていう感じではなくなっています。基本的には教育も一緒ですから。そういうのに対応できるベースができているかどうかだけです。障がいを持っていても，社員として協調的にやってくれる人なら全然 OK だと思います。

「そこそこ成功するような人を」

　学生さんは大学名とかも気になりますよね。今はたぶん，そういうのにこだわる会社のほうが少ないとは思います。ただ，どこかの大学が突出しないように，バランスは気にします。また，優秀と言われている学校を出ているほうが，確率的には優秀です。まあ，優秀って何なのかというのはありますけど。ある程度短期間で決めなければならないので，どうしてもそういうところに頼ってしまうのは事実です。

　結局全部同じ話に戻りますが，長期雇用で簡単には解雇できないと

ころに全部いきます。だからあんまり間違いのない，大成功じゃない
かもしれないけど，大失敗もしない，そこそこ成功するような人を採
ろうとする。そうするとどうしても学校名を見るということも出てき
ます。あとは，その大学から採った先輩たちがどういうふうに活躍し
ているのか。その大学のイメージは大体そこで決まるのではないかな。
先輩は重要ですよ。

　日本企業は，チームワークとか協調性っていうのを大切にしますよ
ね。少なくとも大企業と言われているところはですね。やっぱり集団
生活への適性があるかということです。いちばん見ているのはそこな
んじゃないかと思います。入社後に育成して伸びていくベースがある
かどうかっていうことを採用で見ている。語学ができるとか留学経験
があるとかをものすごくアピールする人がいます。10年前であれば
アピールポイントになったかもしれませんが，今はどうでしょうかね
……。要するにこの会社の中で，何度も言いますけど長期雇用制の中
で仕事をして昇進させなければいけない。入ってから育てないといけ
ない。その育て甲斐のあるベースを持っているかどうか。それが協調
性なんじゃないかと思います。

## 「採用の自由とは，落とした理由を説明しなくてよいということ」

　採用の自由っていうのは，要はなんで落としたかって説明しなくて
いいっていうことだと思います。それがある以上は実際の採用の現場
も困らない。そもそも何段階も面接を経ての総合評価ですから。それ
に先ほども申し上げたように，企業としてのフェイルセーフの観点も
強くありますから。この人をなんで落としたのかっていうのは，採用
の調書の中ではわかりますけれど，本人も含め外に説明する必要もな
いし，世の中に問われることもない。なんで落としたか説明しろ，っ
てなったら困りますね。

THEME

01

採用の自由——

# 労働者性
## ──基準はアンビバレント

--- **Case** ----------------------------------------

タレント・ミライ「ホドガヤ社長，あの……事務所を辞めたいんですけ
　　ど……」

芸能プロダクション・ホドガヤ社長　「え，なんだって！　また急に，
　　どうして？？」

ミライ「だって社長，社長のお許しがないと自由に芸能活動できない
　　し，社長がとってきた仕事は断ることもできないし，仕事がないとき
　　の歌やダンスのレッスンも義務だし，営業先でもマネージャーが歌の
　　曲目や衣装まで押しつけてくるし，今いる場所もいちいち報告しない
　　といけないし……窮屈なんですもん」

ホドガヤ「そんなのこの業界じゃあ当たり前だろ!!　何言ってんだ。で
　　もなミライ，お前がなんだかんだ言っても，お前とのマネジメント契
　　約は２年でまだ８か月も残ってんだ。そんな今すぐ辞められるわけな
　　いだろ。頭冷やして出直してこい！」

ミライ「あと，ギャラもまだもらってないし……」

ホドガヤ社長「ミライ，これまでお前にどれだけ投資してきたと思って
　　るんだ。ギャラがちょっと遅れただけでぐだぐだ言うな！」


ミライ「……ったくあのタヌキ，頭堅くてマジありえないわ。でもアイ
　　ツと１対１で話すのはやっぱちょっとしんどいな……そうだ。ヨコハ
　　マ興業のミナト君，最近，『タレント・俳優労働組合』とかいうの結成
　　したって言ってたな。相談してみようかな……」

### ▼ 労働法の適用範囲の話。でも……

小西　「労働者性」は大体教科書の最初のほうに載っていて。

森戸　うん。

小西　それはやっぱり，労働者性というのは，労働法って一体どういった人が適用の対象になるかということとも関連してくるから，まあ最初に勉強しておこうという。

森戸　労働法の適用範囲ですもんね。

小西　そうですね。

森戸　ところが，実はそこ，結構議論があって，混沌としている。労働法を勉強する学生はどう思うかなあ，いきなり最初にさあ，この法分野の適用範囲は実ははっきりしません，なんて言われたら。「そもそも範囲がはっきりしてないことを，この後 4 単位分話すつもり？」って思われてる可能性あるよね。

小西　そうそう。なので何か最初はやっぱり「つかみ」が欲しいですね。何か例題とかを出して，「ああ何か面白そうだな，労働法」と思わせる。

森戸　思わせておいてって，詐欺だな。まあでも確かに，芸能人とかスポーツ選手とかいろいろ例を出して，「ああ面白いな」と思ってくれるといいね。「結局なんやねん」となるかもしれないけど。

小西　結局普通の授業みたいになるという……

森戸　でも今日はそこをズバッとこう，小西先生が切る。スパスパスパっと。

小西　いや，切れないんですけれどもね，もう先に言っちゃうと。でもとっても重要なテーマですよ。

## ▼ 労働基準法上の労働者性

小西　まず労働基準法（労基法）では，9条で「事業……に使用される者で，賃金を支払われる者」が労働者だとなっています。特に問題になるのは，「使用される者で，賃金を支払われる者」というのは一体どういう意味なのかということです。これについては，30年以上前に，「労働基準法研究会報告」（「労働基準法の『労働者』の判断基準について」〔昭和60年12月〕。以下「労基研報告」）というのが出されていて。そこでいくつかの判断要素が挙げられていて，それを総合的に考慮する。それが一般的なルールとなっているかと思います。

森戸　労基研報告，もう30年以上前になるんだ？

小西　そうです，僕がまだ14さ……

森戸　いや，それはええわ，別に。

小西　（笑）。まあとにかく，これがずっと重宝されているというか。

森戸　裁判でも一定の言及をされるものになっているのは確かですね。じゃあどんな内容なんでしょ。

小西　ざっくり言うと，まず，(A)として「使用従属性」に関する判断基準，それが(1)「指揮監督下の労働」に関する判断基準と(2)報酬の労務対償性に関する判断基準に分かれます。このほか(B)として「労働者性」の判断を補強する要素，が挙げられています。

森戸　ざっくりちゃうやん。全部読んでますわ。

小西　すみません。全部言うの大変なんで，掲載してもらうことにします。

労基研報告による「労働者性」の判断基準

(A)　「使用従属性」に関する判断基準

(1)　「指揮監督下の労働」に関する判断基準

イ　仕事の依頼，業務従事の指示等に対する諾否の自由の有無
　ロ　業務遂行上の指揮監督の有無
　ハ　拘束性の有無
　ニ　代替性の有無
(2)　報酬の労務対償性に関する判断基準
(B)　「労働者性」の判断を補強する要素
(1)　事業者性の有無
(2)　専属性の程度
(3)　その他

**森戸**　それで，(A)(1)が「使用される」で，(A)(2)が「賃金を支払われる」に対応してるってことでいいんですかね。条文上の文言の。

**小西**　労基研報告ではそういうふうに整理されています。

**森戸**　で，この2つの基準をまとめて，「使用従属性」と言い換えてるんだよね？　それに(B)の補強要素も加えて総合的に労働者性を判断すると。でも従属性って今はあんまり言わないんじゃ？　小西先生はやっぱりドイツ学派やからそういう言葉が好きなんですか？

**小西**　そういうことでは（苦笑）。でも，裁判例でも使われてますよね。で，こういうふうな要素を考慮しながら，労基法上の労働者性を判断していくわけですけれども，一般的にありがちなケースとしては，契約書上では委託契約とか請負契約で，労働契約ではありませんと書かれているけど，だからといって当然に委託契約，請負契約になるわけではない。労基法の適用対象となる労働者かどうかは，実際に働いている実態から判断をしていく。

**森戸**　労働法で保護すべき人にあたるなら，契約形式とか呼び名がどうあれ，労働者にあたるとして，労基法の保護を及ぼしましょうと。

**小西**　そうです。こういう基準で判断するというのが，労基法上の労働者性の判断基準ということになる。

**森戸**　で，その基準は，クリアでわかりやすい，合理的なものになっているんですか？

小西　そこはそんなことはないです。

森戸　ではぜひ小西説を。

小西　小西説はないのですけれども（笑）。この基準のあてはめをどうするかというのは，あてはめる人の裁量に左右されがちになってくるかなというふうに思います。

森戸　結局は，労基法がどういう人を保護しようとしているのかですよね。

小西　一言で言うと，労基法は最低労働条件を定めているので……

森戸　国家が強行的に，その労働条件や労働契約の内容に介入しなきゃいけないような人だと。それは結局，立場の弱い人ということですかね。やっぱり従属的に働いているから，どうしても悪い条件で働かされてしまう。なのでそこは国家が罰則をもって強行的に介入するんやと。

小西　で，そういう形で介入すべき対象は，一体どこまでの人を言うのか。それがこの労働者性の核心です。

森戸　でもここに挙がっている基準は結局総合判断ですよね。そうすると，それはまあ結局，従属していると言えばしているし，していないと言えばしていないし，程度問題じゃないですか。従属的な部分もそうじゃない部分も両方あったりとか，たぶん幅がありますよね。でもどこかで線を引くわけですけど，それはどこであって，それはどのぐらい従属してる場合なのか，というのは説明されてるんですかね。

小西　されてないです。とても不明確だと思いますね。いろいろな働き方をしている人がいるけれども，どっちのほうが従属性が高いとか低いとかというのも，必ずしも一概には言えないし。

森戸　それで具体例を通じて，なんとなくこういう人を保護するのだという基準ができている，それを見るしかないのかな。

## ▼ 具体的にはどうなん？　芸能人は？　野球選手は？

**小西**　たとえば芸能人とか，あとはプロ野球選手とか。

**森戸**　面白そうなところから挙げてくるね。

**小西**　芸能人については，最近，労基法および労働契約法（労契法）上の労働者性を認めたもの（元アイドルほか（グループB）事件・東京地判平成28・7・7労判1148号69頁）とか，労基法の適用を受ける労働契約性を認めたもの（東京地判平成28・3・31判タ1438号164頁）が出ていますが，労働者性・労働契約性を否定する裁判例もあります。ただそういう裁判例の中にも，結論的には芸能人を保護するものもあります。

**森戸**　そもそも契約が不当だとか，人身拘束に及ぶとか，そういう理由のやつですよね。

**小西**　はい。プロ野球選手はどうなんてすかね。労働組合法上の労働者性は一般的に肯定されていますけれども，労基法上の労働者性に関しては，積極的に認める学説は見たことがないです。

**森戸**　までもスポーツ選手は，ヨーロッパなんかだと労働者と認めているケースもあるでしょう。

**小西**　そうてすね。世界的にはそういう発想もある。

**森戸**　だったらもう，労働者該当性は広く認めて，あとは労働者の実態に応じて規制を考えていけばいいんじゃないですかね。画一的な一本線を引くのでなく。

**小西**　それも大きな問題で，労基法上の労働者性が認められちゃうと，たとえば最低賃金法とか労働安全衛生法とかの保護の対象となる，労働者災害補償保険法（労災保険法）上て言うところの労働者も，労基法上の労働者と一緒とされてますし。

**森戸**　ある線を越えたら急にすごく保護されたり，逆に保護がゼロになったりする，という線引きなんだよね。でもたぶん，この場面では

従属しているけど，ここではそうでもない，とかあるはずですよね。たとえばプロ野球選手でも，通常は時間的，場所的にそんなに拘束はない。でも試合のときには従属していたり。

**小西** 業務遂行の仕方においては従属度合いが強いが，ほかでは弱い，みたいな混在がありますよね。

**森戸** でもそれを総合判断して，なんとなく，全部てたとえば8つぐらい要素があったとして，このうち5個に従属にマルがついたら労働者です，みたいな。そう明言されてるわけじゃないけど，労基研報告なんかそんなふうな感じでもあるよね。そんなのでいいのかな。たとえば8つの要素のうち3つしか従属していないから，君は労働者ではありませんとなったとして，全部の保護はないのだけれども，でも3つの部分は保護してあげなければいけない必要性があるかもしれないですよね。

**小西** そういうふうな裁判例があれば面白いんですけど，実際の多くの裁判例では，労働者性を否定するなら，全部の要素について結局否定してるんですよね。

**森戸** それはそうだよね。裁判官の頭としては，やっぱりこれは否定だと。労働者じゃない。となったらやっぱり，できるだけ，どの要素もそんなに満たしてない方向で書くよね。そうしないと説得力がなくなっちゃう。逆に労働者だって認めるんだったら，全体として従属的な方向に書く。それは何かけしからんと言えばけしからんかもしれないけれども，そういうものですよね。そうしないと，半分ぐらい従属していないって言っているのに，全体としては労働者だと言ってたらおかしいよね。説得力に欠ける。

**小西** それは，労働者かどうかで労働法の保護がオール・オア・ナッシングであることと関係しそうですね。でもこうした判決は，先に結論ありきということですかね。

**森戸** はっきり言っちゃえば，そうでしょう。そんなことを言ってい

いかわからないけれども。これは怒られる発言かな……話題変えよう。芸能人はどうですか，小西説では。

**小西**　ケース・バイ・ケースですけど，大手事務所のトップタレントとかは，労働者でないと考えられる場合があるかなと思いますけど。

**森戸**　だけど，他方でものすごい従属的な，奴隷みたいな契約だったりとかもあるよね。事務所を辞めたら元の芸名を名乗っちゃいけないとかさ。ものすごい従属というか，支配関係にありますよね。だけど，それは労働法で保護しなくてもいいのかもしれない。

**小西**　そうですね。

**森戸**　つまり芸能人保護法をつくって，芸能人についてはこんな場合はこういうふうに保護するとか。名前をあまり拘束しちゃいかんでとか，何年以上の無茶な契約をしちゃいかんでとかにすればいいのかも。

**小西**　ボランティア保護法，インターン保護法とかも。全部つくって，それぞれ保護すればいいかな。1つの割り切りですね。

**森戸**　法体系としては美しくないけどね。NHK集金人保護法とか，病気休職期間中の復帰の適格性判断のためのお試し期間中の者保護法とか。

**小西**　フランスなんか結構そうなってますよ。特定のカテゴリーを示して，一定の保護を与えるというのはありうる手法かもしれない。日本はあまりないですよね。

**森戸**　家内労働者の家内労働法というのはあるね。あれぐらいかな。

**小西**　労働法学者がしゃべってるんだから，本当は美しい労働法の体系を維持するというほうに向かっていかなきゃいけないのかもしれないですけど。

**森戸**　まあ私ら2人とも，ちょっと，はぐれ者やから。主流派ちゃうから。非主流派が本出して売れるのかな。もはや社会政策的出版？いや話変わってるやん。でもちょっと良い話が出たんじゃないかな。労働法学者のエゴで，美しい労働法の体系を維持しようみたいな考え

にとらわれると，保護に欠けちゃうかもしれないという。

**小西**　そう，適切な保護のあり方というのとは，ずれているのかもしれないですね。また別の例で，たとえば，ボランティアとかってどうです？

**森戸**　ボランティアで無償だと，「賃金」にあたるものが一切払われていないから，労働者じゃないってことにならないですか。そうすると極端な話，ものすごく従属的に使われているのに，一銭ももらっていないから労働者じゃないという結論でいいのか。それは小西説ではどうなの？　「報酬の労務対償性」を欠くと。たとえば小西教授がゼミ生に書類の片付けをむっちゃさせるけど，「タダやで」だったら。単位で，成績評価ではそんな悪いようにはせえへんみたいな。

**小西**　そうそうそう，そこですよ。対価性があるかどうか。たとえば，どこかでボランティアをして，そこでの経験が何か将来に活かせるとかというのだったら。出版社に就職したいから出版社でバイトするとか，インターンとか。実際にお金のやりとりはなかったとしても……

**森戸**　そうかそうか，対価性，報酬というのを広くとらえて，別に労基法上の賃金そのものじゃなくてもいいと。

**小西**　労基法の賃金って，お金とは書いてないですからね（11条参照）。

**森戸**　そうだけど，将来この会社に入れる確率が0.01％アップするかもしれへんてというのは対価なの？　賃金なの？

**小西**　その場合は認められにくいと思います。

**森戸**　でも確かに，そういう対価的なものがあれば，お金ての報酬そのものじゃなくても，「使用され」「賃金」の要件を満たしていると考える，という判断枠組みはいいかもしれないですね。それでいけば，必ずしも明確な報酬がなくても，労働者と認定すべきなのかもしれない。

## ▼ 労働組合法上の労働者性

**小西** 次は労働組合法（労組法）です。労組法にも労働者の定義規定が置かれていて，3条で「職業の種類を問わず，賃金，給料その他これに準ずる収入によつて生活する者」となっています。

**森戸** 一般には，それは労基法の基準とは違う，労基法よりも労組法のほうが広い，とされてますよね。つまり労基法上は労働者じゃないかもしれないが，労組法上の労働者だという人はいる。じゃあ労組法は，どういう人を保護するためにこの労働者という定義を置いているんですかね。

**小西** よく言われるのは，団体交渉をすることによって，労働条件の向上を図る。そういう形で保護を与えるべきかどうかという。

**森戸** それはわかるけど，そうすると，それは労基法と重なってくる部分もあって。従属的に働いてるから，1人ひとりでは力が弱い。1人で何か言いに行っても「お前の話なんか知らんわ。嫌なら辞めろ」みたいになってしまうと。ところが団体で，1000人を代表する人が行ったら，会社も話を聞かないわけにはいかない。そうやって集団で交渉する権利を認めてあげることで，力の均衡をとるべき人たちだと。それが労働組合の意義であり，だから労組法が労働者という定義を置いているのだ。それはある意味，従属的に働いているということを，角度を変えてみただけかもしれない。従属性の一場面ですよね。じゃあ労基法と何が違うのか。

**小西** 労基法は，やっぱり現実に従属的に働いているので，その労働条件を法律で定めた最低基準まで引き上げてあげなきゃいけない。それに対して労組法のほうは，今現実に従属的に働いているかどうかじゃなくて，労働条件を決める上での弱さ，従属性みたいなのがあるところが問題で。

**森戸** だから集団になることを認めてあげよう，集団で交渉させてあ

げよう。そういう人たちだ，ということですかね。そうすると，やっぱり従属の場面が違う。労基法の最低基準で介入しなきゃいけない人というのは，当然その契約条件の決定においても，不利な立場にある。しかし現実の使用従属性はなくても，団体交渉させてあげるべき従属性，経済的従属性がある人というのはもうちょっと広い範囲ている。その人たちを保護しようとしてるのが，労組法上の労働者ですと。そういう説明でいいんですかね。

小西　その労組法上の判断要素は，厚生労働省の「労使関係法研究会報告書」（平成23年7月）の基準で決まっているとされます。

---

労使関係法研究会報告書による「労働者性」の判断要素

1　基本的判断要素
　①事業組織への組み入れ
　②契約内容の一方的・定型的決定
　③報酬の労務対価性
2　補充的判断要素
　④業務の依頼に応ずべき関係
　⑤広い意味での指揮監督下の労務提供，一定の時間的場所的拘束
3　消極的判断要素
　⑥顕著な事業者性

---

森戸　これは最高裁の有名3判例，国・中労委(INAXメンテナンス)事件（最判平成23・4・12労判1026号27頁），国・中労委(ビクターサービスエンジニアリング)事件（最判平成24・2・21民集66巻3号955頁），国・中労委(新国立劇場運営財団)事件（最判平成23・4・12民集65巻3号943頁），これらをまとめて定式化したと。これは結構うまくできてますよね。良いか悪いかは別として。労基法の判断要素に似ていたり，ほぼ重なったりというのもあるんだけど，意識的にメリハリをつけてる。たとえば「広い意味での」指揮監督下の労務提供，

「一定の」時間的場所的拘束としてる。

**小西**　労基法のほうは，指揮監督下であり，時間的場所的拘束であると。それよりはもうちょっと広いですよ，「一定の」ですよ，と。労組法のほうが広くなりますよ，という感じを出してますよね。

**森戸**　ところで，基本的判断要素という重要なところにさ，「事業組織への組み入れ」というのが最初に出てくるじゃない。実はこの意味があんまりよくわからないのですけど。

**小西**　事業組織への組み入れというのは，研究会報告によれば「〔労務供給者が〕相手方の業務の遂行に不可欠ないし枢要な労働力として組織内に確保されており，労働力の利用をめぐり団体交渉によって問題を解決すべき関係があること」ですね。

**森戸**　組織内に確保。外注じゃないという。でも会社としては外注だと言ってた。INAX メンテナンスだって，代理店とか個人を使ってたんですよね。それは，会社的には組織内じゃないわけでしょう。それから，不可欠な労働力というのもさ，それは仕事上必要だから使っているわけですよね。仕事上必要な人と契約をするということはありますよね。別に労働者じゃないけれども，仕事上必要なので，何かリース契約を結びますとか，メンテナンス契約を結びますとかね。それだって不可欠だから契約するわけで。

**小西**　そうなんですよ。

**森戸**　不可欠でもなんでもないけれども契約するわ，ということはないですよね。だから，不可欠に決まっているし，「組織内に」というのは言い方の問題かなという。なんかピンと来ないですね。なんとかしてよ。

**小西**　（苦笑）。いや，本当におっしゃるとおりで……

**森戸**　逆に事業組織に組み入れていない場合というのは，どういう場合を想定しているんですかね。

**小西**　たとえば，突拍子もないのですが，本の取次会社と書店の関係

はどうなんですかね。書店に結構アドバイスするんじゃないですか，こうやったら儲かりますよみたいな。フランチャイズ的に。

森戸　それは影響力はあるでしょうね。取次会社が取り次いでくれなければ，町の小さな書店は本なんか売れないもんね。実際は何の本をどこの棚に並べるかとか，みんな取次会社が決めてるケースもあるらしいけどね。

小西　それは事業組織に組み入れられてないんですか？　小さな書店は，取次会社の事業に。

森戸　組み入れられてるような気もするけど，書店と取次会社って全く違う事業してるような気もするな。

小西　実態をもっと見てみないとわからないですね。

森戸　いずれにしても，事業組織への組み入れだけで労働者性ありってなるわけじゃないけどね。じゃ大した要素じゃないってことかな。

小西　そこがわからないんですよ。

森戸　要素判断だからね，まあ言い方の問題かもしれませんけれども。だからここで否定した裁判例がほしいよね。事業組織に組み入れられていないから労働者じゃない，っていう。

小西　裁判例でも労働委員会の命令でもそうなんですけど，労組法上の労働者性を最終的な判断として否定しているものってあまりないですよね。最近，フランチャイズ契約を締結したコンビニのオーナーの労働者性につき中労委は否定しましたが（セブン-イレブン・ジャパン事件・中労委命令平成 31・3・15 労経速 2377 号 3 頁，ファミリーマート事件・中労委命令平成 31・2・6 労働委員会命令データベース）。

森戸　裁判例では，INAX メンテナンスとかの東京高裁判決ぐらいですか。最高裁でひっくり返る前の。

小西　そうですね，でも最高裁では結局労働者性が認められましたし。

森戸　労働者性なさそうだったらそもそも事件にならないし，和解したり，取下げになっているかもしれないし。やっぱり事業組織への組

み入れはちょっと意味がわからないよね。そうすると，契約内容の一方的・定型的決定っていう要素が重要なのかな。契約内容が一方的でかつ定型的に決まっている。この基準で契約しろ，嫌なら契約しなくていいよと一方的に言われる。それから定型的である。同じ契約の人がいっぱいいる。だからみんなで一緒に交渉して，この一方的で定型的な基準を全体としてもっとよく引き上げてもらおう。そういう力を与えてあげるべき人たちを保護するんだと。そういうことですかね。

**小西** そうすると，フランチャイズ契約なんかはみんなそういう契約だってことになりますよね。じゃあどこで切るねんていう話ですよ。

**森戸** そもそもそれは労組法上の労働者ということで保護しなきゃいけないのかな。まさに弱小事業者として保護すればいいのかもしれない。フランチャイズ契約そのものの規制をするとか。労組法じゃなくても，団体交渉的なルートがあればいいのかも。実際中小企業等協同組合法にあるんだっけ？

**小西** 団体交渉みたいなことができるんですよ。同法では，相手方は交渉に応ずることとするとされていて，協議が調わない場合の行政庁によるあっせんや調停も制度化されています。でも不当労働行為救済制度みたいなものはない。

**森戸** それでいいじゃん，ていう考えもあるよね。いやそれでは保護が欠ける，労組法で保護しなきゃいけない場面だ，それが正義だ，とまで言えるのかどうかということですよね。

**小西** もしそういった事業者が労組法ではなくて，中小企業等協同組合法のほうで保護されるとして，じゃあ労組法上の労働者性と何が違うのか。どこで線を引くのか。

**森戸** それはさっき話をした労基法上の労働者性と一緒で，もしかしたらきれいな境界線は引けないのかもしれない，エリアが重なるところがあるのかもしれない。Ａと呼ばれている人にはこっちの保護，Ｂと呼ばれている人には別のこっちの保護をする。ＡとＢはもしかし

たらちょっと重なったりするかもしれないけど，穴がないように複数
の法律で保護します，というのも1つのやり方なのかも。格好は悪
いけれども，労働法としてのきれいな体系感はないかもしれないけど，
実際に保護されるならそれでいいじゃないか，そのほうが穴がなくて
いい。それも1つの考え方だよね。

小西　そのようにいろいろ考えていくと，労基法と労組法の基準は基
本的には違うという前提で今日はトークしてきましたけど，むしろ同
じでいいんじゃないかとも言えますね。あとは継ぎ接ぎやと。中小
零細事業主向けの別の法律をつくると。

森戸　それもあるかもしれません。そういうのはでも労働法学者とし
ては何も考えていないって怒られるのかな。労働法として美しいこと
を考えろって言われるのかな。労働法の大家，菅野和夫先生の弟子と
いうだけで食ってるくせにおまえら……

小西　何を言ってんねんと（苦笑）。

森戸　偉大な菅野先生が築いた体系を「いや，こんなのは一緒でええ
んちゃいます」みたいな。裏切りだと。……これは載せられないかな。
「小西　ええんちゃいますか」「森戸　そんなことないよ，そんな失礼
なことを君は言うのか，失敬だな」って載せることにしよう。

小西　（笑）。逆じゃないですか。

　1つだけ脱線ぽい話をしていいですか。さっき見たように，基本的
な6要素とか言われているじゃないですか，労組法上の労働者性って。
これと「失業者も労組法上の労働者である」という通説的な理解と，
どう関わってくんねんていう。

森戸　ああ，実は全然関わっていないよね，別ルートだよね。労組法
上の労働者性の判断基準って，使用従属性とは違うと言いつつ，実際
に働いていることが前提の判断要素だもんね。だから矛盾していると
言えば矛盾していますね。要は，そういう仕事をする可能性がある人，
という作りなんじゃないですかね。失業者が入ってくるっていうのは，

実際には職業別の労働組合みたいなもののイメージじゃないかな。

**小西** 全くそうだと思うんですよ。この6要素基準っていうのは，労組法上の労働者のすべてをカバーするものではない。

**森戸** そこでも労基法より広いっていうことですね。

## ▼ これからの問題——新しい働き方への対応

**小西** 今後としては，現在進行形のものも含めて少なくとも2つの論点があるかなと思います。1つはフランチャイズ契約をどうするかですけど。

**森戸** それはさっきちょっとしゃべったね。

**小西** あとはクラウドワーク（crowd work），いわゆる新しい働き方。

**森戸** 俺前は crowd のつづりを勘違いしてて。雲の cloud かと。クラウドにファイルを保存しておいて，みんなで作業することかなと。そんなこと言ったら笑われるかな。大衆のクラウドなんてしょ。

**小西** L じゃなくて R のほうです。

**森戸** どうせ日本人は発音で区別できないけどね。そもそもどう定義したらいいの。誰がやっているかわかれへんみたいな。プログラムのバグ探しをしてくださいみたいな仕事があって，それをネット上で好きな人がやるみたいな。

**小西** それもあるし，あとは，1人の人に任せるというのもあるし。見積りとかを出すのもあります。いろいろあると思うのですよね。オークション型とか。

**森戸** 現行法の下では，結局クラウドワークだろうが何だろうが，実際にした作業とか作業の仕方の従属度合いとか，いろいろな判断要素の総合判断になるんですよね。

**小西** あとクラウドワークの場合は，取り次いでいる仲介業者みたいなところがあるわけですが，仕事をする人がそことの関係で労働者性を認められるかが問題になってくるんですよね。

森戸　最終的な契約相手が誰かという話にもなるよね。使用者性の話にも関わってくるんですかね。

小西　あとは，ウーバー（Uber）型ですよね。日本はまだ基本「Uber Eats」くらいしか走ってないけど。

森戸　シェアリング・エコノミー，ギグ・エコノミーとかギグワーカーとかとも言うよね。たとえばウーバーでこの辺で，神保町から明治大学まで車に乗りたい――近いな（笑）――って言ったら，近くの車がピッピッと応答してくれるんでしょ。じゃあ，前に裁判になったソクハイ事件（東京高判平成26・5・21労判1123号83頁など）の自転車便メッセンジャーと似てるね。

小西　ただメッセンジャーの場合は，依頼がなければ暇ですけど，この地域担当ならこの辺にはいなきゃいけない。で1件荷物が出るよとなったら，基本は応じなきゃいけない。だから労組法上は労働者性が認定された。労基法上はされなかったけど。

森戸　でもウーバーはたぶん行かなくてもいいんですよね。たまたま御茶ノ水を走ってて暇になったときに，たまたま有斐閣から依頼があったら，じゃあ行ってみようかと行ってもいいし，行かなくてもいい。そういう契約なんだよね。そうすると従属性は薄い気がする。

小西　でも，事業組織には組み入れられている。契約内容も一方的で，報酬にも労務対償性がありそう。

森戸　だけど，諾否の自由が非常に強い気がしますね。時間的場所的拘束が薄い，指揮監督下の労務提供性が薄いんですかね。でも基本的判断要素のほうは満たしている気もする。

小西　そうですよね。あとは顕著な事業者性の有無でしょうか。

森戸　むっちゃ儲けてるなら労働者にしたらんでもええやろ，ってことかな？　「自己の計算に基づいて」利益を得ているか，とかよく言うよね。頑張れば販路拡大して儲けられるかとかね。でもフランチャイズだと実際はそういうの無理だったりしますよね。

小西　むっちゃ儲けているかって言い出したら，プロ野球選手はどうなんやっていう話にもなってくるし。

森戸　だからやっぱりそれだけではないんでしょうね。プロ野球選手なんかは，画一的な条件でみんな働いている。それはもう縛りがあるじゃない。野球というスポーツでの枠の中の話。だから，集団交渉にはなじむ。もともと労働組合って，そういう職業的なギルドみたいなところなわけだから，スポーツ選手が団体交渉するのは，むしろ自然な気はしますけどね。で，さっきの話に戻っちゃうけど，それはでも別に，労組法じゃなくてもいいのかもしれない。プロ野球選手保護法でいいのかもしれないし，プロ野球契約保護法でもいいのかもしれないですね。それに適した規制を，法を及ぼせばいいのかもしれないね。やっぱり最後はそういう話になっちゃうな。

小西　それは本当にでもまた難しいですよね。一般的には，国が規制するのはなかなか厳しいから，どんどん下位の段階で組合との間の交渉を重視しようという流れもあります。分権化ですね。

森戸　国が統一的っていう，がちがちのものじゃなくて，一定の方向性，規制法というよりはその業界のルールみたいなものができればいいんじゃないんですかね。だから，その業界の人もそういう枠組みづくりに参加してつくればいいんじゃないですかね。芸能人契約保護法とかね。そうなっていくと，労働法はいろいろ分かれていって，なくなってしまうのかな。一般労働者保護法っていうのは残るのかもしれないけどね。

小西　本当に必要な形での法制化というのがいちばん重要だから，労働法がなくなるかどうかということよりも，本当に重要な，大切なところに手当てできているかを考えないといけないですよね。

森戸　あと，労働者性問題のある意味もう１つ重要な側面は，社会保険の適用関係ですね。アメリカのウーバーでもめたのもそれだったし。アメリカはもともと労働者保護が薄めだから，そっちにむしろフ

ォーカスが当たったんでしょうが。これもまあ制度ごとに，入れるべき人は入れるでいいじゃないか，別に統一的じゃなくても。制度ごとに違っていいし，労働法上の労働者性とも違っていいと。

小西　実際，労災保険では一人親方の特別加入もありますもんね。

森戸　そう考えてくると，何でもそれぞればらばらになっちゃうんですかね，規制が。統一的な労働者概念，統一的な保護みたいな時代じゃないということかな。それでええんやと。

小西　これまでのその方法に限界がきていないかどうかですよね。

▶ 意識高い系若者たちへ

森戸　学生さん向けに，基本的に押さえておくべきことっていうのは何ですかね。

小西　各法律の趣旨，目的に応じて，保護の対象，適用の対象というのを判断していくと。

森戸　当たり前と言えば当たり前だけど（笑）。まあ基本は労基法，労組法。今日は労契法の話はあまり出なかったけど，労働者性については基本的には労基法，労契法は同じように考えていいでしょう。やっぱり実際に働いている人に対して最低基準で介入して保護するという労基法と，団体交渉させてあげるべき人たちへの保護の必要性という労組法とでは，判断要素が重なるところもあるけれども，現行法では趣旨が違います。労組法のほうが広くなります。労基法は労基研報告，労組法は労使関係法研究会報告書ですと。それでいいかな。

小西　あとは，これは労基法も労組法もですが，契約の形式とか，名称ではなくて，実際の働き方，実態を見て判断するんですよということも。

森戸　現場の労使に対してって言うけど，そもそも今このテーマって，誰が「労」かっていう話だからなあ。

小西　それ面白いですね。

森戸　話のしようがない……。会社側としては何ですかね。労働者の声は聞いてくださいと。それじゃだめかな（笑）。

小西　労働者は誰かっていう話がぐるっとまわってきますよね。でも会社にとっては重要です。

森戸　誰と団体交渉をしなくちゃいけないのか。

小西　団体交渉に応ずべき相手か否か，労働委員会とかでもよく問題になってきますよね。団体交渉を申し込まれたら，今日取り上げたような問題が出てくるということですよね。芸能人の団体から，ギグワーカーの団体から。団体交渉？　何それ？　そんなことしなくちゃいけないなんて，全く思ってもいなかったな……と。

森戸　それは労基法のほうでもありうる問題なわけですよね。労働者とは意識していなかったけど……という。

小西　最初に「労働者じゃないよ」っていうことを契約ではっきり書いていたとしても，だからといって当然に労働者じゃなくなるっていうわけではない。

森戸　そうすると会社側へのアドバイスとしては，裏を返せば，形式的な契約形態が労働者じゃなければ労働法上の責任はない，とは思わないほうがいいっていうことですね。

小西　そうですね。意図的，脱法的にそういう操作をするのはもちろんだめですけど，意図してなくても，実は労働者として働かせちゃってるかもしれないわけです。

森戸　団体交渉を申し込まれるかもしれないし，労基法上の責任とかを問われるかもしれないと。そうすると「労」──かもしれない側

——へのアドバイスはその裏返しかな。契約上労働者とされてなくても，従属的に働かされていれば，法的には労働者かもしれないよ，労働法上の保護が受けられるかもしれないんだよ，と。

## ▶ 霞が関の皆さんへ

**森戸** ここはやっぱり，労働法の美しい体系はある意味労働法学者が頑張ってセコセコ考えればいいのであって，霞が関の皆さんにはぜひ，さまざまな働き方をしている人たちそれぞれの保護の必要性を個別的に把握してほしい。働き方が多様化しているのだから，それぞれの働き方に応じた保護が必要なはず。具体的には，何らかの使用従属的な要素がある人に対するサポート，集団的な団体交渉をさせてあげるべき人に対するサポートと，分けて考えていってもいいのかもしれない。これはだから労働行政だけの話じゃないですね。

**小西** 確かにそうですね，いろいろな役所が連携して考えていかなければいけないですね。凸凹で不揃いでも，実際に保護が必要なところは保護するというスタンスを，行政としてはとってもらったほうがいいのかもしれない。

**森戸** 労働法学者の話は聞かなくていいと。大変だ，そんなことを言ったら。「**小西** 労働法学者の話なんかもうシカトでいいですよ」「**森戸** それはちょっと言いすぎだよ」。

**小西** やめてください（笑）。

**森戸** それは労働法学者もね，やっぱり体系としてきれいなものをつくるように努力はしていいんだろうとは思いますけれども，他方である程度現実に即した議論もしていかなきゃいけないよね，柔軟にね。

**小西** そうですね。

**森戸** だんだん年とってきて，曲がりなりにもこれまで労働法で食ってきたから，もう今さらほかのもので生きていけないじゃん。そうすると労働法にやたら思いを持っちゃうけども，現実はそういうことと

関係なく動いていくよと。

**小西** あと，これ言っちゃうのもどうかと思うんですけど，昔から労働者性というのは大切な分野ですよね。でもあまり何も解決してない。わからないことが多すぎるっていうのは，ものすごく思うんですよね。

**森戸** 学会批判だ学会批判。ってか自分たちに跳ね返ってくるけど。

**小西** 裁判所も，全部の要素〇，あるいは全部の要素×。結論先にありきとちゃうんか，と。

**森戸** まあ法律の世界は多かれ少なかれそういう面はありますけど。

---

## Answer

　タレント・ミライは，ホダガヤ社長がとってきた仕事を断ることもできず（仕事の依頼，業務従事の指示等に対する諾否の自由がない），営業の際も，歌の曲目や衣装についてマネージャーの指示を受け（業務遂行上の指揮監督が認められる），その時間・場所を報告することを要求され（時間的場所的拘束性が認められる），ホダガヤ社長のお許しなしに自分で自由に芸能活動をすることができない立場に置かれている（専属性の程度が強い）。これらの事情は，いずれも労基法上の労働者性を肯定する方向に作用するものであり，ミライの労基法上の労働者性が認められる可能性は高い。その場合，労基法は附則137条で，有期契約であっても契約期間1年を経過した日以後はいつでも退職することができる旨定めていることから，ミライもプロダクションホダガヤを辞めることができる。

　また，ミライが労基法上の労働者であるということになれば，そのギャラは労基法上の賃金としてさまざまな規制に服する。そのほか，最低賃金を下回る金額は許されないし，労働時間が長時間に及べば割増賃金の支払義務も発生する。

　さらに，ミライの労組法上の労働者性も肯定されると考えられる。こうした就労実態にあるタレント・俳優が主となって結成された「タレント・俳優労働組合」から団体交渉の申入れがあれば，ホダガヤ社長はそれに応じなければならない。

## 元アイドルＢさんによるコメント

「センターをとるためなら！」

　高校生の頃からダンススクールで歌とかダンスのレッスンを受けていて，そこのスクールが事務所直属のスクールだったので，ちょっとしたエキストラとかのお仕事をし始めたんですが，その後本格的にアイドルをやりたいなと思ったのがきっかけでした。最初は，今は全国的にも有名なアイドルグループの，研究生みたいなことからスタートして，その後はいくつかのアイドルグループに入って活動していました。

　その間，２つの事務所に所属していました。日々の活動としては，マネージャーから，こういう案件があるから受けるかどうか聞かれて，そのオーディションに行って受かれば仕事になるっていう感じでした。１つ目の事務所は親切なところだったので，マネージャーから聞かれたときに，やりたくなかったらNOって言えました。事務所との間で契約書も交わしていて，ギャラの支払時期や，事務所と私でギャラをどう分けるかもそこに書いてありました。友達に聞くと，ギャラの配分は半々のところもあれば，事務所が１，こっちが９のところもある。あと契約書に書かれてなくて，社長の気分で決めます，みたいな事務所もあるみたいです。

　毎日，オーディションとか，レッスンとか何かしらの活動はあるんですよね。アイドルグループでやっていくとしたら，ダンスとか歌とかを練習しないといけないので，事務所から「今日はこれに行ってね」って言われて行かされる。仕事を取るために必要なことだけどレッスンやオーディションは給料が出ないので，お金としては行くだけでマイナスになっていく。

　でも，自主練習をしている子はやっぱりやる気を買われて歌のパートが増えるとかいうのがあるから，頑張らないと上に行けないっていう暗黙の了解みたいな雰囲気は流れているので，そのプレッシャーを感じている人は，やりたくなくても断れない，みたいなところはあります。

THEME
02

労働者性｜

それから，ネットでのライブ配信とか SNS も仕事のうちなので，家にいても何かやることはある。ライブでいいポジションをとるためには SNS も自主的にやんないとっていうところです。それも，契約ではないんですけど，暗黙の了解ですね。

## 「事務所は辞めたい。でもアイドルグループは続けたい……」

アイドルグループは，1 つの事務所の中でグループを作ってるところもあるんですけど，私が入っていたのは，メンバーはみんな別々の事務所で，ばらばらに各事務所から集まって作られるグループでした。そして各事務所とは別に，そのアイドルグループを運営する会社があります。労働者供給？　そういう感じでしょうか。

1 つ目の事務所は円満移籍でした。事務所を辞めると，次の事務所に入るまで何か月かあけなきゃいけないっていう決まりが一応業界の中であるんですよね。契約書にも書いてあるんですけど，3 か月，半年，1 年，2 年，事務所によってばらばらで。でも私の場合は，事務所の事情だったのですぐに事務所の紹介で違う事務所に移籍したんです。そしてそこの事務所にいながらアイドルグループに入って活動してました。

ただ，移籍先がすごくひどいところで。何か月か経っても契約書を交わしてくれなくて，自分としては急にクビ切られても困るし早く契約したかったんですけど，でも怖いから何も言えなくて。明細も見せてもらえませんでした。あと，アイドルグループには，事務所の私として参加しているので，事務所を辞めたらそのグループも辞めなきゃいけなくなる。だから，事務所は早く辞めたかったんですけど，辞めたらグループも辞めなきゃいけないから嫌々ずっといて。

結局 2 つ目の事務所も，アイドルグループの所属期間が終わったときに辞めました。辞めるのも本当は 1 か月前とかに言わなきゃいけないんですけど，この仕事辞めますって言って，そんなの無理だよ，1 年間芸能活動できないからなって言われたけど，でも契約書交わしてないし大丈夫だろうと思って，辞める宣言をして辞めました。でも，友達でもめてる人はいます。違約金払えみたいなのは結構ありますね。

**「契約書?!　スゴイ！　それだけで満足。信頼しちゃう」**

　でも契約書を締結すると言っても，わかんないですよね，読んでも。何が書いてあるか，その文字の意味もわかんないし，めんどくさくてとりあえず OK みたいな。事務所に入れるということ自体がもうすごいから，サインしちゃいます。契約書を出されたことだけで満足，なんとなく信頼しちゃってて。変なこと書いてないだろう，みたいな先入観もあって。私もとりあえず給料の分配のところだけは見て，あとは読んでなかったです。自分の替わりはいっぱいいるんですよ。ほかに替わりはいっぱいいるってあっちも思ってるから，そこを逆手にとって。じゃあほかの子でやります，って言われると，あ，すいません，待ってください，とかになって，結局 OK しちゃう。

　セクハラですか。うーん。声はあげられないのがほとんど。辞めさせられるんじゃないかっていう恐怖のほうが多い。やむをえないみたいに思ってる子が多いイメージです。

　水着とか，コスプレとか，私服も，全部自腹です。撮影会にファンの人たちが来て，そこで写真撮られて給料もらえるっていうのがいちばん稼げるんですけど，そこに出るときの服が自前なんですよね。大体の子はやっぱり毎回毎回買うので，それでどんどん出費が。あと美容院とかも行かなきゃいけないし，かなり美容面では出費があるんですけどそういうのは基本全部自分です。

　バイトしてる子も多いです。バイトはだめって言われてなくって。でも夜のバイトはやるなとは書かれてるところは多いですね。キャバクラとか風俗とか。でも，周りには夜にバイトをしている子もいました。かわいいからもちろん稼げるから。わりとそっちで逆に潤っちゃってる子もいました。あと禁止されてるのは，ほかの事務所からの仕事。芸能の仕事はもちろんだめ。

　最近は自分で SNS で発信できて，事務所に入らないで活動できるっていうメリットも増えているので，本当にフリーの子が増えてる。いっぱい周りにもいるし，フリーのほうが直接給料も入る。

「アイドル同士ライバル。なので労働組合は……」

　労働組合ですか？　何かこれおかしいよね，事務所に対抗するためにみんなで集団的に行動しようみたいな？　ちょっとあるといえばあるけど，アイドル同士ライバルで，仲間といいつつ蹴落とそうと思っているんで，誰を信じていいかわかんないから，みんなやらなくなる。たぶん，大物になれば，みんなで一緒に，ということもやれると思うんですけど，これぐらいのレベルだとたぶんないかな。

# 性差別
──just the way y'all are

━━━ **Case** ━━━━━━━━━━━━━━━━━━━━━━━━━

　ドサンコ産業では，女性の課長は数人，部長に至っては女性はゼロであった。新たに就任した二代目の若社長はこの状況に危機感を持ち，全社的に女性管理職を増やすための施策を積極的に講じることを決定した。

　人事異動の時期となり，新たな営業課長の候補者が，男性であるオタル課長代理と，女性であるエリモ係長の2人に絞られた。オタル課長代理のほうが年次もポジションも上であったため，社内の下馬評的にはオタル課長代理で決まりという雰囲気であったが……

社長「オタルもエリモも，能力的には大丈夫なんだよな？」
人事部長「ハイ，そのように聞いております」
社長「じゃここは女性でいこう。女性。エリモだ！　ウチも女性の管理
　職増やしていかないとな」

　エリモ課長の人事が公となり，最終的には性別が決め手となったらしいというウワサが流れ，面白くないのはこの逆転人事の「被害者」となったオタル課長代理である。なんだよエリモは女性だから課長に昇進したんだろ，ってことはオレは男性だから課長になれなかったってことじゃないか。これって性差別だろ？　差別はいけないんじゃないのかよ?!

森戸　そもそも性差別の話なのに男2人，しかもくたびれた中年？　初老？　でいいのかな。なんかやましくない？

小西　やましいところはないですけど，差別って結構難しいなあ，よくわかってないなあと思う部分も多いし，今日はいろいろと質問できたらなと思っています。

森戸　学生じゃないんだからさ（笑）。まとにかく，性差別をテーマにしたけれども，結果的に赤っ恥になるリスクもこの2人は秘めてるわけですが，日本の中年男性がいかに遅れているかを示すという，その犠牲になるのでもいいんじゃないかということで，あえてこのテーマに突入しましょう。

### ▼ 直接差別と間接差別

森戸　性差別に関しては，ご承知のとおり男女雇用機会均等法（均等法）があります。その5条，6条で，募集・採用を含め雇用のあらゆる局面における差別が禁止されている。直接的に差別を禁止してるので直接差別。これはいいですかね。

> （性別を理由とする差別の禁止）
> 5条　事業主は，労働者の募集及び採用について，その性別にかかわりなく均等な機会を与えなければならない。
> 6条　事業主は，次に掲げる事項について，労働者の性別を理由として，差別的取扱いをしてはならない。
> 　一　労働者の配置（業務の配分及び権限の付与を含む。），昇進，降格及び教育訓練
> 　二　住宅資金の貸付けその他これに準ずる福利厚生の措置であつて厚生労働省令で定めるもの
> 　三　労働者の職種及び雇用形態の変更
> 　四　退職の勧奨，定年及び解雇並びに労働契約の更新

小西　はい。

森戸　て今度は間接差別です。均等法7条。条文を読んでもわかり
づらいんですけど……「身長175cm以上の人募集。誰でも応募して
ください。ただ身長175cm以上です」という募集がかかったとする。
そこには「女性はだめ」とは一言も書いてないから，男性でも女性で
も応募できる。しかし175cm以上というと，ほとんどの女性は応募
できないわけです，統計的に。結局，実質は男性しか応募できない。

> （性別以外の事由を要件とする措置）
> 7条　事業主は，募集及び採用並びに前条各号に掲げる事項に関する措
> 置であつて労働者の性別以外の事由を要件とするもののうち，措置の要
> 件を満たす男性及び女性の比率その他の事情を勘案して実質的に性別を
> 理由とする差別となるおそれがある措置として厚生労働省令で定めるも
> のについては，当該措置の対象となる業務の性質に照らして当該措置の
> 実施が当該業務の遂行上特に必要である場合，事業の運営の状況に照ら
> して当該措置の実施が雇用管理上特に必要である場合その他の合理的な
> 理由がある場合でなければ，これを講じてはならない。

小西　なんで身長175cm以上必要なんですかね？　仕事は何なんで
しょう。

森戸　そしたら「普通の事務です。ちょっと高いところに棚があるん
で」という答え。「いやいや，そんなものは脚立を置けばいいでしょ」
という話ですよね。結局，身長なんか全く関係ないのに形式的に身長
っていう制限をかけて，実質的に女性を排除してるんじゃないか。

小西　そうですね。

森戸　まさに間接差別っていうのは，そういうものを禁止しようと。
175cm以上要求することについて，雇用管理上必要な，特に合理的
な理由がないのであれば，それは間接差別として違法です，禁止です，
というのが均等法7条ですね。これはある意味，差別というのは本
来差別する「意図」が悪いんだけれども，意図じゃなくて差別的な
「結果」もだめだという規制にもとらえられる。あるいは，本当は裏
で差別してるに違いない，という風に差別意図を推認し，立証責任を
軽減する規定なのかもしれない。

小西　そうか7条はそういう意味なんですね。7条がなくても5条，6条でいけるのかなとも思ってたんですけど。

森戸　なんで初めて講義聴いた人みたいになってるの（笑）。7条も教えてるんでしょ。

小西　いやいや，もちろんわかってますけど（笑）。

森戸　今のはわざとほどよくアホな学生の役をやってくれたの？

小西　そう（笑）。

森戸　いいよ，わざとやらなくて（笑）。

小西　わかりました（笑）。

森戸　で何だっけ，そうそう，この間接差別の概念はアメリカでもヨーロッパでも採用されてます。ただ日本の場合，一般的に全部を禁止してはいない。今のところは施行規則に限定的に3つだけ列挙して，それは間接差別で違法ですよ，という形にしています。1つ目は，身長，体重，体力。これはおそらく世界のどこでも間接差別。じゃあちょっと疲れたから，2つ目，3つ目は小西君が説明を。

小西　2つ目は，労働者の募集もしくは採用，昇進または職種の変更にあたって，転居を伴う転勤に応じることができることを要件とするというものです。3つ目は，昇進にあたって転勤の経験があることを要件とすること。

> 均等法施行規則
> （実質的に性別を理由とする差別となるおそれがある措置）〔＝間接差別〕
> 2条　法第7条の厚生労働省令で定める措置は，次のとおりとする。
> 　一　労働者の募集又は採用に関する措置であつて，労働者の身長，体重又は体力に関する事由を要件とするもの
> 　二　労働者の募集若しくは採用，昇進又は職種の変更に関する措置であつて，労働者の住居の移転を伴う配置転換に応じることができることを要件とするもの
> 　三　労働者の昇進に関する措置であつて，労働者が勤務する事業場と異なる事業場に配置転換された経験があることを要件とするもの

森戸　2つ目の昇進・職種の変更のところは，比較的最近の改正で拡大したんですよね。

小西　昔は総合職の募集・採用に制限されていました。

### ▼ かえって女性をバカにしてない？

森戸　「うちの会社に入りたいんだったら，全国転勤 OK じゃなきゃだめだよ」っていうのはよくありそうな気がするんですけど，実は当然にはできない。それは間接差別になりうる。それが必要な合理的な理由を説明しなさいということが要求されている。この2つ目が女性に対して間接差別になるのはそもそもどういう理屈なんでしょうか。

小西　これまでの日本の雇用システムの中では，転居を伴う転勤がなされることも多いのですが，それに応じることができるのは多くが男性である，ということだと思います。

森戸　全国転勤 OK という条件を課したら，女性は受けられないよね，ということですよね。

小西　そういうことですね。

森戸　女性は全国転勤は無理だという前提に立っているんだよね？女性はこうだ，と。これはすごく日本的な間接差別禁止じゃないかな。世界的にはめずらしい，たぶん。

小西　3号もそうですよね，日本的雇用システムを前提に，女性は育児・家事責任もあって，いろいろな部署への転勤や異動を経験していないことが多いから。

森戸　その条件を課すと女性に不利に働くからということですよね。後で詳しく触れる，統計的差別みたいなものだよね。これはどう評価しますか。日本的な間接差別。

小西　問題はあるかもしれないですけど，これまでの雇用システムと雇用慣行を前提とすると，間接差別として位置づけられうるかなとは思っています。ただ，これからどんどん働き方も変わって，女性の働

き方，もしくは男性の働き方が変わってくる中で，この2号，3号が，均等法7条が示す間接差別の限定列挙の事例として存続するかは，また別の問題かなと思います。

森戸　今のところはやっぱり必要なんですかね，2号，3号って。逆に女性はばかにされていると思わないのかな，「どうせ女性は全国転勤は嫌なんでしょ」というのは。逆に「ばかにしないでよ。私は全国転勤しますよ」とはならない？

小西　逆に失礼だということもあるかもしれないですね。

森戸　までもおっしゃるように，これはあくまで施行規則。今の状況としては2号，3号も必要だが，今後見直していくこともできるということなんですかね。

小西　そもそも間接差別は，3つに限定する必要はあるんですか。

森戸　世帯主に家族手当が払われますよね。日本の場合世帯主はほとんど男性だから，世帯主に手当を払うのはイコール男性に払うことになる。これは間接差別になりうるのではないか。立法過程でそういう議論もあったんだけど，家族手当はものすごく普及してるんて影響が大きすぎる，ってことで間接差別とはされなかった。でも世界的に見たら，むしろ間接差別の典型例じゃないかなという気もしますよね。今後こういうところに広がっていくかもしれない。

小西　そうですね。

#### ▼ 解答つきのドリル？

森戸　あともう1つ間接差別で気に入らないことがあるんだよね。間接差別禁止というのは，「正社員だったら全国転勤どんと来いで当然。何の説明がいるんですか？」ではだめということ。なんでうちの会社で偉くなっていくのに全国転勤が必要なのか，なんて課長になるには異動の経験が必要なのか，それについてきちんと理論武装して，合理的に説明できるようにしてください，それをゼロから考えてみてくだ

さい，というのが法の趣旨だと思うんですよね。各企業が真剣に自分の会社の雇用管理のあり方を考えて，その中で，実はこれは合理的な措置じゃなかったかも，と思ったら，そういうものはやめればいい。そういう内部変革を促す措置としてとらえたら非常にいいんじゃないかと思うんです。

小西　なるほど，間接差別禁止は実は社内での「働き方改革」を促す仕組みなんだと。

森戸　ところが均等法の指針を見ると，たとえばこういうのは合理的理由になりません，とか結構具体的に書いてあるわけですよ。2号，3号にあたらない例はこれ，あたる例はこれとか。そんなことを書いちゃったら，そうかこれと反対のこと言えばいいんだ，ってことになって，何も考えないんじゃないかと。夏休みの宿題にドリルを配るんだけど，一緒に答えも配ってるみたいな感じ。そしたらその答えを一生懸命写してきて終わりでしょ？　それじゃだめなんじゃないかなと思うのだけど。企業に自分で考えさせないと。

---

「労働者に対する性別を理由とする差別の禁止等に関する規定に定める事項に関し，事業主が適切に対処するための指針」（平成18年厚労告第614号，最終改正平成27年厚労告第458号。以下「指針」）　　　〔抜粋〕

……〔昇進に当たり転勤の経験があることを要件とすることに関する〕合理的な理由の有無については，個別具体的な事案ごとに，総合的に判断が行われるものであるが，合理的な理由がない場合としては，例えば，次のようなものが考えられる。
（合理的な理由がないと認められる例）
イ　広域にわたり展開する支店，支社がある企業において，本社の課長に昇進するに当たって，本社の課長の業務を遂行する上で，異なる地域の支店，支社における勤務経験が特に必要であるとは認められず，かつ，転居を伴う転勤を含む人事ローテーションを行うことが特に必要であるとは認められない場合に，転居を伴う転勤の経験があることを要件とする場合

ロ　特定の支店の管理職としての職務を遂行する上で，異なる支店での経験が特に必要とは認められない場合において，当該支店の管理職に昇進するに際し，異なる支店における勤務経験を要件とする場合

小西　そうか，たとえばこの指針のロのところを裏返しにして言えばいいんですかね。うちの会社は，「特定の支店の管理職としての職務を遂行する上で，異なる支店での経験が特に必要と認められるので，当該支店の管理職に昇進するに際し，異なる支店における勤務経験を要件とする」ことにした，とか。「特に必要」ってのは説明する必要があるんでしょうけど，3つのケースについてヒント出しといたて感はありますね。もういっそ，間接差別を一般的に禁止する規定だけ置けばいいんじゃないですかね。7条をもうグッとシンプルにしちゃって。

森戸　どんな場合も合理的な理由は各自考えてください，と。そこまで突き放しちゃうわけね。ちょっと崖から突き落としすぎかな。

小西　千尋の谷の獅子の親並みの厳しい対応ですね。

森戸　まあとりあえずは，現行法みたいに3つの例を示すっていうのでもいいのかな。ただ，その答えまで示してあげる必要はないよね。あとはおまえら全部自分で考えろ，でもいいのかも。

小西　何が「実質的に性別を理由とする差別となるおそれがある措置」っていえるかの判断は難しいかもしれませんけどね。

### ▼　ポジティブアクション

森戸　ポジティブアクションというのが均等法にあります。昔は均等法というのは女性差別のみを禁止する法律だった。でも今は女性差別も男性差別もいけません，性差別はいけませんという法律になった。要するに「片面性の解消」ですね，よく教科書に書いてあるけど。片面性を解消したとは言うけど，なぜか「両面性」を取得したとは言

わないですよね。麻雀みたいだからかな。

小西　（笑）。

森戸　「辺張性」とかも言わないよね。

小西　よくわからないです……

森戸　麻雀で，8，9と持ってて7を待つやつが辺張待ちで，「ペン」は端っこ，1辺2辺の「辺」だよね。で，7，9って持ってて8が来たらロンていうのが嵌張待ち。「カン」はまさに間に「嵌める」。で両面待ちっていうのは4，5って持ってたら3も6も上がりなわけよ。両面で待ってるから両面。

小西　……勉強になりました。

森戸　とにかくその両面性が今の均等法にはあるわけです。ただ，そうは言っても，もう今は男性差別も女性差別も禁止で平等なんだから，あとはもう女性も実力で頑張ってね……と突き放したらどうなるか。職場を見渡せば，課長も男性，部長も男性。すでに過去の差別の積み重ねて固まっちゃってるものがある。それを少し壊していかないと，実際には女性は頑張っていけない，それが現実。そうすると，差別を本当に解消するためには，まだ少し女性側を「後押し」してあげる必要がある。でも女性を後押しするということは，裏を返せば男性を差別していいということになっちゃうから，今の均等法では原則認められない。

小西　じゃあ，何ができるんですかね。

森戸　やらせ感満載の相の手（笑）。というわけで，そこで出てきたのがポジティブアクション。

小西　均等法8条ですね。

（女性労働者に係る措置に関する特例）
8条　前三条の規定は，事業主が，雇用の分野における男女の均等な機会及び待遇の確保の支障となつている事情を改善することを目的として女性労働者に関して行う措置を講ずることを妨げるものではない。

森戸　女性に対してのみ行う積極的（ポジティブ）な優遇措置，ということでポジティブアクション。簡単に言っちゃえば，一定の範囲で男性差別をしてもいいよということです。女性管理職が相当程度少ないとか，女性営業社員が相当程度少ないというのが要件です。ただ「相当程度」というのは，厚生労働省の通達によれば女性が4割に満たない場合ということのようなので，たぶんほとんどの場合は満たしちゃいますね。具体的にはたとえば，管理職に女性がほとんどいない職場で，女性側を一定程度後押ししていいよ，つまり「男性差別をしてもいいよ」——しなくてもいいわけですけど——と言って許容するのが，このポジティブアクションです。

小西　まずたとえば，ある教育訓練とか試験の受験を女性にのみ奨励する，というような形での後押しが許容されています。

森戸　比較的ソフトなポジティブアクションですね。「ミヤケ君含め女性の諸君，もっと管理職の試験をどんどん受けなさい」と勧めるけれども，男性には勧めない。軽い措置だけれども，男性差別ではありますよね，男性には勧めないんだから。

小西　はい。

森戸　これに対しハードなポジティブアクションもある。課長になる候補にミヤケ君とニヤケ君がいる。ニヤケ君は男性。両方とも点数あるいは資格などの「基準」は満たしている。ただ課長には1人しかなれないというときに，「ではミヤケ君は女性だから課長」って言って上げちゃう。採用の場面でもいいんですけど。こういうハードなポジティブアクションも許容される。

均等法が許容する「ハードな」ポジティブアクション（「指針」より）

一の雇用管理区分における女性労働者が男性労働者と比較して相当程度少ない役職への昇進に当たって，……当該昇進の基準を満たす労働者の中か

小西　そうですね。でも実際に一定の基準を満たしているかどうかというのは，なかなか微妙な判断ですよね。

森戸　そもそも採用とか昇進のときに点数だけで決めないでしょうからね。面接の評価とかもあるし。ここでの含みとしては，一定の基準を男性が満たしていて，女性はそれを満たしてないのに女性を昇進させるというのは，これはもう男性差別だからアウトですよと。ただ，男女の候補両方とも基準を満たしているんだったら，ある意味どっちでもいいんだったら，女性を選んでも差別とは言いませんよ，ということを認めるスタンスなんでしょうね。

小西　でもこの **Case** はどうなんですか？　オタルさんは課長代理で，エリモさんは係長ですよね。

森戸　微妙なケースですよね。エリモさんは資格を満たしてないのかもしれない。ただ「オタルもエリモも能力的には大丈夫なんだよな」という社長の一言で，一応両方とも基準は満たしているということも言えそう。

小西　課長代理と係長だと，やっぱりちょっと違う気が。

森戸　うーん，女性のほうがちょっと優遇された感を出すためにこういうケースにしてみたんだけどな……でもおそらく，想像ですけど，実際の採用とか昇進の現場でも，「能力的には大丈夫なのか」「そのように聞いております」ぐらいのざっくりした基準でやってんじゃないかと想像するわけですよ。もちろん「あいつは売上げを上げた」とかいうのもあるでしょうけど，売上げが上がっただけで課長になれるとは限らないし。

小西　結局いろんな総合評価ですよね。

森戸　本来全く資格がないような人まで優遇していいとまでは言ってませんと。ポジティブアクションっていうのは，一応ギリギリそこで

法的な整合性をとろうとしてるってことだと思うんですけどね。とはいえやっぱり思うのは，逆差別の問題にならないかなということです。確かに過去において全然女性課長がいない会社だから，女性課長を増やさなきゃいけないという強い要請がある。それに沿った措置だし，会社全体としてはそれでいいんでしょうけど。ただ，オタル課長代理としては面白くない。

小西　男性であるがゆえに課長になれなかったわけですもんね。

森戸　過去の会社をいろいろ変えていかなきゃいけないのはわかるけれども，その償いをなんて俺が，俺が男性だというだけでなんてこの犠牲を背負わないといけないのか，という。まさに逆差別の問題ですよね。それはどうですか。

小西　女性差別がなぜいけないのかと考えると，女性全体を一括りにして女はこうだ，と決めつけるからいけないってのはありますよね。その女性個人，その女性自身を見なきゃいけないのに。

森戸　『女性セブン』じゃなくて『女性自身』。

小西　（笑）。なのにここでは当該オタル課長代理自身を見てあげてない感じがしますけど，それは OK なんですか。

森戸　その男性自身は見てくれないのかと。そこは同じ差別禁止法の中で辻褄が合ってないと言えばやっぱり合ってないですよね。でもそこはポジティブアクションだから，いわば過去の差別の負の遺産を解消するための措置だと。しかも両方とも資格は満たしている。決してエリモさんはアホではないというところが，ギリギリそこを担保してるという説明なんじゃないんですかね。

小西　でもアメリカだったら逆差別訴訟がすぐ起きそうですよね。日本はそんなすぐそうはならないけど。

森戸　他方で思うのは，厚労省には悪いけれども，ポジティブアクションをやる企業ってそもそもあるのかな。ソフトな措置はあるかもしれないけど，さっきのハードな措置をポジティブアクションです！

と言ってやった場合さ……

小西　宣言してやらないといけないんですかね。言わないこともあり
そうですけど。

森戸　言わなきゃいけないんじゃないの？　あ，そうか，裁判になっ
たときに「ポジティブアクションでした」と言えばいいのか。

小西　はい。

森戸　あるいはそうか，「均等法違反だ」って男性が労働局に言って
きたときに，会社が「いやこれはポジティブアクションなんです」っ
て言えばいいのか。

小西　そういうことですね。

森戸　まあじゃあ言わなければいいんだろうけどね，仮に「ポジティ
ブアクションです」と言ってやった場合，それはやっぱりエリモさん
にしてみたら，あるいは対外的に見たらね，あの人はポジティブアク
ションで課長になったんだよ，ポジティブアクションがなかったらオ
タル君がなってたのにねというふうに思われるのは，会社的にもあん
まり良くないんじゃない。

小西　そうですね。本人も面白くない。

森戸　他方で，今は世間で，いわゆる抜擢人事がよくあるじゃん。女
性がいきなり課長へとか。

小西　女性活躍推進法の時代ですから。企業は女性活躍のための数値
目標を定めた行動計画を作って，公表しないといけません。

森戸　何だっけ，くるみんじゃなくて，ジョセミンみたいなマークあ
るよね。その目標達成するとつけられる，ゆるキャラみたいなマーク。

小西　えるぼし，えるぼし。レイディーとかの意味のLです。

森戸　レイディーか。そうだよね，ウーマンにすると「うめぼし」に
なっちゃうからね。

小西　怒られますよ（笑）。まそれはともかく，抜擢人事したとして
も，ポジティブアクションでしたってなかなか言いづらいですよね。

森戸　厚労省がまとめた，ポジティブアクション取組事例集みたいなのがあるんだけど，そこにもやっぱりあんまりハードなのは載ってないです。もうちょっとソフトに，全般的に女性が昇進しやすくしましたよ，くらいですね。

#### ▼　そもそもなぜ性差別はいけないのか？

森戸　もちろん性差別はいけませんよということはわかるんですけども，そもそもなんで性差別をしちゃいけないんでしょうかという根本的な問題もあるわけです。よく言われるのは，性別というのは生まれながらに変えられないものであると。男とか女というのは，生まれたときから決まっちゃってて変えられない。変えられないもので，仕事の能力とは全然別の話なのに，それを理由に差別したり雇用上の選別をしたりするのはおかしいというのが，1つの理由として考えられます。仕事能力に関係ないと。

小西　確かに偏見とかに基づいてこれまで女性が低い処遇しか与えられてこなかったという面は間違いなくある。他方で女性は，傾向として比較的早くに退職するということもあったし，妊娠・出産の可能性もある。会社としてはなるべく長く働いてほしい，せっかく教育訓練したんだから長くいてほしいと思ってるのに——というふうな気持ちがあって，女性のほうが低い処遇，っていうことになってるのもあるかもしれません。

森戸　日本はまだまだ長期雇用慣行なのに，女性は統計的に見れば勤続年数が短い。妊娠・出産で，一時的にかもしれないけども，退職したり業務が中断する確率も当然高い。だから女性じゃなくて男性を雇いたいんだ。それは「能力」と呼んでいいかどうかはともかく，統計的にそういうデータが出てるんで，それに沿って会社として都合のいいほうを雇うんだと。「それは別に差別してるわけじゃないですよ」という言い方はあるかもしれませんね。

小西　そうですね。で，それはなんでだめなんですかね。

森戸　統計的にはそうかもしれないけど，この個人が，今御社を受け
に来ている女性である私がそうとは限らないでしょ。私は妊娠・出
産しないかもしれないし，私は長く勤めるかもしれない。妊娠・出産
しないからいいという意味じゃないけども。女性は統計的に確かにそ
うかもしれないが，私がそうとは限らないのに，私を女性という属性
だけで見て，女性はこうだというデータだけで判断するのはおかしい，
というのが1つの反論ですかね。女性はエモーショナルだとか，女
性はすぐカッとなるとかいうのは，おそらくはただの偏見ですよね。

小西　そういう科学的データが明確にあるということは，おそらくな
いんでしょうね。

森戸　ただ勤続年数はデータがある。

小西　個人でちゃんと見ろというのもわからなくはないんですけど，
将来どういう働き方をするか，どのぐらい生産性があるかというのは，
いずれにしても誰もわからない。そういう中だと，やっぱりこれまで
にある情報やデータを使うというのは，普通というか，あってもよさ
そうなのになという気持ちもないわけではないです。

森戸　話を聞いていると結局，小西君はすごく差別主義的な人という
ことになるな。

小西　いやいや（苦笑）。でもなぜだめなのかをちゃんと理解したい
ですね。

森戸　いわゆる統計的差別ですね。実は難しい問題です。有名大学を
出た人のほうが，やっぱり平均的に優秀だというデータがあるとして，
だから有名大学の人を採用するんだという採用活動を，現に企業はや
ってるわけです。大学名は問わないというところもあるけど。

小西　そうです，そうです。

森戸　これはまさに統計的な処理ですよね。結果的に東大を出ていて
もアホで，全然使えない人もいる。他方でそんなにパッとしない大学

を出たのに，すごく頑張ってバリバリやって活躍する人もいる。個人を見るならそれを見てあげるべきだ。しかしそうは言っても将来どうなるのかは予測できない。だから会社で今年 10 人しか採れないというときには，ある程度統計的なデータに頼って，将来貢献する確率の高そうな人を 10 人採るしかない。そのときに勤続年数が長くなる確率の高い人を採用するのがなぜいけないんだと。

小西　なぜ学歴だと OK で，性別だとだめなのかというところなんですよ。

森戸　そうですね。そこでまた出てくる反論は，学歴については，努力したら自分でいい大学に入れる。ところが努力をしても性別は変えられないんです，というものですかね。頑張ったらいい大学に入れたでしょ，いい大学に入れば就職がいいということもわかってたでしょ，でもそういう勉強をしなかったんだから，学歴で統計的差別をされてもしょうがない。でもいくら頑張っても女性は男性になれないし，なる必要もない。性別という，そんな生まれながらのもので統計的差別をするのはおかしいでしょ，ということに。

小西　性差別の禁止というのは，同じ能力がある人，同じ生産性，同じパフォーマンスが出る人を同じように扱うものではない，ということですかね。

森戸　いや，そういうものなんじゃないの。なんで？

小西　だって，これは 1 つの仮定としてですけれども，たとえば女性のほうが早く退職してしまうかもしれない，出産や育児に時間をとられるということになると，将来のパフォーマンスが男性よりも低い可能性がある。でも性別というのは生まれながらにもっていて変えられないものだから，同じように扱わないといけない。男性と同じパフォーマンスが予定されているから同じように扱うというわけではないということですよね。

森戸　でも，それも確率の問題でしょ？　この人がどうなのかはわか

らないですよね。確率上その可能性は低くなっているとしても。それはやっぱり，性別は変えられないんだからというところで一応説明できてるんじゃないのかなあ。でもさらに言えば，そこにはおそらく2つの問題があって，1つは，そもそも勤続年数が短いのも，それは女性が差別されているからだという話もある。

小西　なので，広く男女を基準とした将来予測はだめということですね。

森戸　それから2つ目，妊娠・出産に関しては，性差別とはまた別の話だけど，これはある意味差別というよりは，確かにその分キャリアが中断するかもしれないけど，子どもを産んで人類を再生産するという非常に崇高な使命を負っている。「使命」とか言うと炎上ものかもですけどね，でも男にはできないことなわけですよ。これはやっぱり，それがあるからといって不利に扱うのはおかしい，と。

小西　確かに妊娠・出産はそれはそれで議論が必要ですね。それはさておき，それでは宗教差別とか人種差別との比較はどうでしょう。一緒なのか違うのか。

森戸　人種も変えられないという意味では同じですよね。ただ人種の場合は妊娠・出産うんぬんの問題はない。妊娠・出産の話を捨象し，かつ勤続年数が少ないというのはそもそも女性が差別されてきた結果としての統計なんだからということでこれも捨象したら，結局は偏見に基づく差別しか残らないのだから，やっぱりいけないということになるんじゃないか。それは結局，変えられないものなんだから，というのがいちばんの根拠ですかね。

小西　そうですね。

森戸　ただ宗教差別というのは，またちょっと違う点もあります。宗教というのはある意味簡単に変えようと思えば変えられる。ただ，人間の基本的な選択に関わる問題だから，変えられないものと同じ価値のものとして扱うべきだと。あと，もう1つ考えなきゃいけないこ

とがあります。基本は性別というその人のたまたまの属性で見ちゃい
かん，ステレオタイプに統計的に判断しちゃいかんと。その人個人の
能力を見なさい，その代わり，仕事をしてお金をもらう労働者なんだ
から，「能力」で判断すべきだと。これ，理念としてはわかるんだけ
ど，これを突き詰めていくと，だから学歴差別と性差別は違うのだと
いうことになる。頑張ればいい大学に入れるでしょと。でもそうなん
ですかね，本当に頑張ればいい大学に入れるのかというと，たぶんそ
うではなくて限界はありますよね。誰でも頑張れば野球選手になれる
のか，誰でもイチローになれるのかというと，なれないですよね。

小西　それはもう本人の持ってる先天的な能力による差別という側面
もある。

森戸　まさにそれは，ほかのテーマになっちゃうかもしれないけど，
それは能力障害に基づく差別なのかとかいう話に実はつながる。「性
差別はいけない。でも能力に基づいた判断はいいんだ」と言ったとき
に，じゃあ，障害差別はなんていけないんですかとかいう話にもなっ
てくる。突き詰めると，結局は答えはないのかなあ。部分的に正当化
する理屈はあっても，全体として整合がとれてるわけじゃない。なん
てこれはいいんですか，なんてこれはいけないんですか，というのは，
実は結局社会的相当性みたいなものでその都度決まっている。しかし
社会が変わったり人の考え方が変わると，何がいけない差別かという
のもどんどん変わる，変わりうる。研究者としては任務の放棄かな，
答えはないのが答えっていうのは。

小西　差別っていうのはいろんなところで問題になってきたし，今後
もなってくるだろうということが予想されてる中で，それぞれの差別
の内実というのが同じなのか違うのかをちゃんと見ていくことが必要
なんだけども，その辺はまだ難しいということなんですかね。

森戸　理論的整合性がとれているのかというのをきちんとやる必要が
あるんだけど，それをやるとたぶん，あんまり整合性はとれてないよ

ねという話で終わる。

小西　なるほど。それで合理性，社会的相当性。

森戸　障害もすでにそうですけど，年齢差別とか，徐々に差別禁止の範囲が拡大してるわけですよね。LGBT だってある。

小西　そうですね。

森戸　それはやっぱり，昔は，何がいけないんだと思われてたものもある。その中にも，単なる偏見の問題だったり，社会に根づいた考え方であったり，あるいは統計的な差別と言えるものもある。でもやはり差別禁止法の範囲が広がってきてることは確かで，結果理論的説明もさらにしづらくなってきてるのかな。

---

Closing

▶ 意識高い系若者たちへ

森戸　ざっとまとめましょう。直接差別の５条，６条，さらに間接差別の７条という，限定的ではあるけれども，差別概念を拡大したような規制もある。男女平等が原則なんだけど，ポジティブアクションという例外もある。では差別はなぜいけないのかと考えると，一定の説明はできるけれども，実はなかなか全体に整合的な説明ができるようにはなっていない。どうですか，学生たちに対してはそういうまとめでいいですかね。

小西　うーん。まあ，ぜひ，社会をよく見て（笑）。

森戸　いまいちな校長先生か！（笑）

小西　いまいちですかね（笑）。そう思うんですけど。ぜひ，差別について考えてほしいなと。

森戸　明治大学の偉い先生もまあまあ給料はもらってるけど，差別はなぜいけないかはわかってないという。

小西　そうですね（笑）。

森戸　でも差別の概念，何が差別かというのは変わりうるし，広がっていくのでしょうね。

▶ 現場の労使の皆さんへ

森戸　現場の労使には，どういう示唆を得てもらったらいいですかね。差別はしないでね，というのはもちろんだけれども。

小西　繰り返しになるかもしれないですけど，性差別は両面的に禁止されている。

森戸　男性差別もいけない。

小西　そうですね。他方で，それを前提として，ポジティブアクションという制度もある。**Case** にも書かれているわけですけれども，これを利用する場合には「性差別禁止」という法律の大前提の例外として……

森戸　でもそれは，さっきの話だと，あまりやる企業はないんじゃないかという話じゃなかったっけ？　ポジティブアクション。

小西　でも，やっぱりあるんじゃないですかね。

森戸　そんなに言うほど悪いもんちゃうてという。

小西　いや，明確には言わないで，てすけど。

森戸　ああ，裏でね。

小西　そうそう，女性活躍推進とか必要としているところなので，実は結構。

森戸　じゃあ，まさにさっきの裁判みたいなのも潜在的に起きうるかもしれないということかな。

小西　そうですね。

森戸　じゃあやっぱり，能力的・資格的には同じだという証拠をちゃんと揃えておきなさいと，そういう説明ができるようにしておきなさいと。

小西　そうですね。一定水準に達していると。

森戸　それはいいね。立派な校長先生や。

小西　ありがとうございます（笑）。

森戸　あと，間接差別について言うと，もちろんこれも裁判規範なのでしょうけれども，結局は何か一定の説明を要求しているんじゃないかなと思うんですよね。つまり，なんて全国転勤なのか，なんて異動経験がないと管理職になれないのかという，今までの日本の雇用慣行においては，当然だろ，正社員なら当たり前でしょ，で済んでいたことについて，その合理的理由をちゃんと説明しなさいと。合理的な雇用管理はできていますか，ということのチェックをしろということだと思うんですよね。だから，裁判にならなくても，理屈のつく雇用管理をしているかのチェックをしろという意味はあるんじゃないかな。

小西　そうですね。

森戸　あとは，まだ世帯主うんぬんは間接差別とは言われていませんけど，国際的に見たらむしろそういうものは間接差別だと。だから，各種の手当も，その手当をなぜ支給するのか，根拠について説明が求められる時代なのかなという気がします。結局これも同じところに行き着くけれど。

小西　今まで説明しなくてよかったことをちゃんと説明できないとだめ，法的にも責任を問われるかもしれない時代になった。それが間接差別の規定からも言えると。

森戸　まあ，安易なまとめ方をすると，今言ったようなことを労使で話し合って，より良い雇用のあり方を考えていくと。そういうきっかけにしてくださいと。

小西　（笑）。はい。

森戸　ああいいこと言うなあ俺。講演とか大体こういうふうにまとめて，内容ないんだよね。もうまとめ方だけうまくなっちゃってさ。

▶ 霞が関の皆さんへ

森戸　小西説では間接差別の規定を広げてまえということですかね。

小西　（笑）。でも，間接差別に何を含めるのかというのは，今後引き続き検討していかなければいけないかなというのは，検討課題として挙がるという気がします。

森戸　なかなか全体的な理論的整合性はとりづらいところはあるけど，とはいえ立法していく以上，ポジティブアクションにしても何にしてもそうですけど，理論的な説明をしていかなければいけないよね。あとはなんですかね，政策課題。性差別禁止法としては，差別禁止規定自体はある意味揃っているといえば揃っているし，間接差別禁止もまあまだ限定的だけれども規定はある。とはいえ，なかなか現実に女性差別はなくならない。じゃあ何か構造的な改革をもたらしていくにはどうしたらいいのか。法的にできることは何かあるんですかね。

小西　えるぼしマークだけではなかなか。

森戸　間接差別というのは，そういう意味では変えていく1つのきっかけにはなりうるのかな。ほかはどうですかね。

小西　ソフト・ロー的なアプローチでどこまでできるかというところですかね。

森戸　「両面性」の原則の例外として女性を後押しするのは，やっぱり限界があるからな。ポジティブアクションぐらいまでなんですかね。あとはえるぼしマークでソフトに進めていく以上のことはできないのかな。

小西　個人的には，性差別の禁止のところはかなりできあがっているんじゃないかなと思ってます。

森戸　規定自体はね。

小西　妊娠，出産，育児，セクハラとか，狭義の性差別とは違うところでいろいろなものが問題になってくるんじゃないかっていうふうに

思ってます。

森戸　じゃあ，このテーマを取り上げたこと自体がもう根本的に時代遅れだと？

小西　いえいえ……そもそも差別というものをどう見るかというところを議論するのはやっぱ大事ですよ。

森戸　必要なテーマだったと。でも答え出てないけどね！　じゃあ，霞が関の皆さんには，もうやり残したことはないですよ，ということなわけ？

小西　わからないですけど（苦笑）。

森戸　いっそそういうようなことでまとめちゃってもいいかもね。「ほかの分野が重要だという結論ですね，いいですか，そんな終わり方で（笑）」みたいな。

<hr>

## Answer

　エリモ係長は女性であるがゆえに課長に昇進できたといえる。逆にオタル課長代理は男性であるがゆえに課長になれなかったわけであり，これは均等法8条のポジティブアクションの要件が満たされない限り，同法6条が禁止する性別を理由とする差別的取扱いとして違法となる。ドサンコ産業の女性管理職が相当程度少ないことは確かなようであるが，エリモ係長が課長昇進の基準を本当に満たしていたのかどうかが問題となる。

　オタル課長代理よりも下のポジションであり，年次も若いのでやや微妙な感じもあるが，従前のポジションや年次だけで昇進が決まるという「基準」が採用されていたのならともかく，それも含めての総合評価——人事部長の「能力的には大丈夫」もその一部であろう——で昇進を決定するという仕組みであったのであれば，ポジティブアクションの要件は満たしているものと思われる。

飯田高・東京大学教授へのインタビュー

——突然ですが，そもそも経済学的には，差別はなぜいけないんでしょうか？

経済学的に見れば，非効率性が発生するからということに尽きます。たとえば，人材の活用ができない，差別があると労働者が自分の能力やスキルを高めようとする意欲が削がれていく，といった理由で非効率が生じます。要するに，人々が自分の持っている能力を発揮できないのは経済全体にとっても損失だ，ということです。

——かつて飯田先生には森戸・水町〔編著〕『差別禁止法の新展開』（日本評論社）でも経済学と心理学の見地から差別問題を論じていただきました。この本以降，差別問題に関して，経済学的な研究の発展はありますか？

差別の問題を行動経済学の観点から論じた研究が多くなっています。たとえばイリス・ボネットの『WORK DESIGN』という本がありますが，これは職場でのジェンダー格差をどのように解消していくかを扱っています。女性がこれだけ社会進出していても，まだ無意識のレベルでのバイアスが原因で差別が起きることがあります。「外科医」というと男性と思ってしまう，「警察官と結婚した人」というと女性を思い浮かべがち，というのが無意識のバイアスの例です。無意識のレベルで起きることを法律で規制するのは果たして適切なのか，具体的にはどういう対策をしていけばいいのか。この本では「デザイン」という言い方で表現されていますが，職場の環境を整えていくことが大事だと主張されています。サンクションを使うのではなくて，行動や意思決定の背景にある環境を整えるという方法が有効なんだということです。少数派のメンバーが過度に目立ってしまわないような環境やグループ構成を考えるとか，ロールモデルを作ったり多様化したりする，といったことが具体例です。少数派の人が目立っていると，たとえば何か失敗が起きた場合にその人の属性に関連づけて考えられてしまうということがありますので，そういうことを防ぐためですね。

いずれにしても，意思決定の環境を支えるための仕組みが重要です。

　人間の意思決定については，まだまだわからないことが多いと思います。興味深い現象として，「免罪符効果」というものがあります。ダイバーシティ研修をやるとむしろ逆効果になる現象です。こういう研修を受けたんだからもういいだろう，みたいな感じになってしまう。日本でも「くるみんマーク」とか「えるぼしマーク」とかありますよね。そういうものを取っているのだからあとはもう何もしない，というケースがあります。

　私の知る限り，全く新しい差別の理論やモデルが登場したわけではないのですが，データに基づく実証研究が増えてきました。現在でも統計的差別や差別的選好のモデルをベースにした研究が行われています。


——その統計的差別ですが，典型例は，たとえば学歴差別でしょうか。東大生は平均的には優秀だから5人くらい内定出しとこう，偏差値いくつ以下の大学には求人票送るのやめよう，みたいな。これって「効率的」なんでしょうか？

　統計的差別が効率的なのは，知りたい情報，たとえば労働者の質の「平均」はわかっている場合です。もちろん平均値を調べるためのコストはかかりますが，平均値に基づいて行動すれば企業が個々の人たちの質を調べて評価するコストは節約できますから，「効率的」とは言えます。

　ですが，統計的差別だから常に効率的だ，ということにはなりません。結局，このような差別は効率性からはどこかで乖離していきます。統計的差別は便利な手段なので拡大しやすいのですが，ほかの場所で発生する非効率性を無視して広がりすぎてしまうのです。

　これは所有権の話とも似ています。もともと，所有権の機能は経済的に説明できるものです。つまり，所有権を認めたほうが取引をしやすくなったり，物の管理が容易になったりする。一般には，所有権があれば全体としては効率的になります。

　ところが今では，所有権やそれに類似した権利があらゆるところに

広がっていっています。もしかしたら効率性とは関係のないところにまで広がっているかもしれません。たとえば，情報や音楽についてそうした権利が認められていますが，それが本当に効率的なのかどうかはわかりません。元来は効率性の観点から生まれた概念が，「権利」という形をとることで独特の意味を持ち始め，それが効率性を超えていろんな物に及んでいく。効率性とは違った，別の論理で物事が動いていくということです。

　統計的差別にも同じことがあてはまると思います。概念ができて正当化されると，ほかのところに特に根拠もなく波及します。ある種の統計的差別は，もはや効率性では説明がつかないのかもしれません。効率的かどうかは一見して明らかとは限りませんから，「社会的相当性」の点からも牽制しておく必要がある，ということになるでしょうか。

——そのほか，**Talking** で議論されている論点について，何か感想はありますか？　間接差別のところなんかいかがでしょう。

　「会社に考えさせる」というところが印象に残りました。でも，実際にそういうことをさせると何が起こるのか，気にはなります。たとえば，会社どうしで情報交換をして，結局はほかの会社の事例とかをそのまま流用してしまう，といったことが起こらないのかなと。性差別に関して，企業が法的にぎりぎりのところを攻めてくることはきっとあまりないですよね。多くの企業は，差別にあたらないよう，たぶん安全策をとってくるのではないかと思います。そのような状況でどういう法制度を設計していけばよいのか，つまり，ガイドラインに「答え」を丁寧に書いておくのがよいのか，それとももう少し解釈の余地を残した形にしておくのか，というのは面白い問題ですね。

いいだ・たかし　　専門は法社会学，法と経済学。

# 障害者雇用
—— 誰も皆ハンデを抱えている

--- **Case** ---

医療機器の販売会社ゴンドウ社近くの喫茶店シラカバにて ——

スワ総務部長「交通事故，大変だったね」

サナダ総務部員「お言葉，ありがとうございます。いや～。ほんとに命
　拾いをしました。今後は車いす生活になりますけど。それで部長，今
　後の勤務についてですが，いくつかお願いしたいことがありまして。
　まず，車いすで移動しなければなりませんので，オフィスまでのルー
　トにスロープを設置していただきたいのです。あとトイレも，通常の
　トイレには車いすでは入れませんので『誰でもトイレ』みたいなのを
　設置していただきたいのですが……」

スワ「君の意向もわからないではないけどね～。うちの会社には，そん
　な対応ができるほど広いスペースがあるわけでもないし，経済的余裕
　もないんだよ」

サナダ「それじゃあ，私はどうすれば……」

スワ「君，今は総務部にいるけど，営業部に移ってもらおうと思ってい
　るんだ。ほら，うちには，車いす対応の営業車もあるし，アシスタン
　トをつけてもいいし，トイレだって，営業先のを使わせてもらえるよ
　う頼むよ。うちの営業先はどこも大手だからその辺きっちり整ってい
　るからね」

サナダ「そんな，車での営業なんて……肉体的にも厳しすぎます。……
　それじゃあ，テレワークを認めてもらえないでしょうか。すでに，育
　児や介護のニーズがある従業員を対象に認めているじゃないですか」

スワ「とはいっても君は独身だろ。君だけ特別にっていうのは難しいん
　だよ。あんまり難しい要求ばかりするんだったら，会社を辞めてもら
　うしかないよ」

## ▼ 目を閉じれば消える差別？

小西　今度のテーマは，障害者雇用です。2013 年に障害者雇用促進法が改正されて，2016 年から施行されています。そこでは，合理的配慮という独自の規定とともに，障害者を差別することを禁止する規定も設けられました。とはいえ，性差別とかほかの差別と全く同じようには考えにくい部分があったりして，なかなか難しいテーマです。

森戸　なんて難しいんですかね。

小西　まずは職務遂行能力との関係ですかね。性別とかっていうのは，比較対象者間で職務遂行能力に違いがないケースが想定されている。同じ能力なのに，なんて差別すんねんと。そういう意味で，性別とか人種とかは「目を閉じれば消える差別」というように言われたりしています。目を閉じたら差別の理由となっていた性別とか人種の違いは見えなくなる。あとはもう，職務遂行能力に差がないんだから，同じように取り扱うべきだ，ということになる。でも障害の場合は必ずしもそう言えない……

森戸　目を閉じたら，全部消えるような気がするんだけど。障害があるかどうかも見えないよ。

小西　なるほど（苦笑）って納得したらだめですね。

森戸　目を開けてみたら，なんだ足がちょっと悪かったんんですね。ても，全然普通に仕事をしてくれていたのでわかりませんでしたよ，って。

小西　という場合もあると思うのですが，そうではない場合も。

森戸　まあ言っている意味はわかるけどね。ヘリクツですいません。

小西　まとにかく，そこが性別とかの場合と違う面がありそうだと。

森戸　結局障害というのは，英語では disability，つまり能力に一定

の欠けている部分が何かある。たとえば腕が動かないとか足が動かないとか。しかし仕事をするには，腕や足を動かすという能力が必要な場合が多いわけだから，そういう意味で障害は仕事能力に影響がある，不利な要素なのですね。

小西　そうですね。

森戸　人種が何だろうが性別が何だろうが，それはいわゆる仕事能力とは無関係でしょ，というのとは前提が違うということですかね。

小西　そうです。そこがまず1つです。そしてもう1つは，障害も，単にあるかないかというのではなくて，程度の問題というのもあって。仕事の中身によっては，ほとんど職務遂行能力に影響のない障害者もいる一方，非常に重度で，会社として対応することが難しいような人たちも一定程度はいるわけです。

森戸　そう言われればそうだね。確かに，手が全く動かないのか，ちょっと動くのか，ここまでしか動かないのかとか，おそらく段階がありますよね。でも性別で，ちょっとだけ女とか，ちょっとだけ男とか，むっちゃ女とか，あまりそういう区別は普通はないもんね。

小西　そうですね。その辺はこれまでの差別禁止法の議論の対象にはあまりのってこなかったのですけれども，障害に関してはこういったことが問題になってくるという意味で，差別禁止規制の応用編，上級編みたいなところがあって。

森戸　なるほど。確かに，今までと同じ差別禁止法の考え方でいっていいのか？　という分野ではあるわけですね。だけどまあそうは言いつつ，法律にしちゃったよね。普通に法律上は障害を理由にして差別したらあかんて，という規定をつくっちゃったわけじゃない？　「つくっちゃった」って，悪いことだって言ってるわけじゃないんだけどさ。考え方を変えなあかんのちゃいますかっていうことなのかな。

小西　あとは，この障害者雇用促進法の差別禁止規定というのが，一体何を禁止しているのか。その射程はどんな場合かという深い問題も。

なのでここでは，基本的なところから議論できたらなと思っています。

## ▼ これまでの障害者雇用政策

**小西**　現在の法状況について議論する前に，障害者雇用政策のこれまでの経過とか，ざっくり大枠のところをまずおさらいをしておきたいと思います。

**森戸**　真面目やな。

**小西**　もちろんです（笑）。2013 年に障害者雇用促進法が改正されるまでの障害者雇用政策の最も大きな柱は，雇用率制度でした。

**森戸**　一定割合以上の障害者を雇わなければいけないというものですね。

**小西**　雇用率は時代に応じて変化してきてまして，2018 年 4 月以降は一般事業主については 2.2％ と設定されていて，2021 年 4 月までに 2.3％ に引き上げられる予定です。これを達成できていない事業主は，障害者雇用納付金というものを支払わなければいけなくて，これは月 5 万円。逆にこの雇用率を達成しているという場合には，調整金とか報奨金というのがあって，月 2 万 7000 円とか 2 万 1000 円とかが，国から支払われる制度になっています。国が一定の雇用率を定めて，それを下回る場合には，会社はお金を支払わなければいけない，上回る場合には一定のお金をもらうことができる。障害者雇用促進はこういうふうな形で進められてきました。

**森戸**　これは昔からあるわけですね。

**小西**　そうですね。

**森戸**　一定の基準を上回ればご褒美がもらえて，達成しなければお金を払ってくださいと。罰金ではないけれども，事実上のペナルティがあるということですね。ちなみになんで未達成の罰金のほうが多いんですかね。

**小西**　障害者を 1 人雇用するにあたってかかる費用の平均が月約 4

万円らしく，これに基準に達するまで障害者を雇用したり，基準を超えて障害者を雇用したりするコストの格差を係数として出して，それを先ほどの4万円にかけたら5万円とか2万7000円とかが算出されるようです。

森戸　このあたり，非常に採用の自由に関わる話ですよね。2.2%以上は絶対に障害者を雇えと義務づけている。実際に採用はしなくてもいいかもしれないけど，お金を払えというペナルティがあるのだから，それは採用の自由への非常に大きな制限と言えば制限ですよね。憲法上の問題はないんでしょうか。

小西　あると思います。採用の自由とか営業の自由とかと関わるわけですが，ただこれについては，障害者の雇用を促進するメリットは大きいし，採用の自由の制約度合いと比べて考えた場合に，違憲とまでは言えないというふうに考えられています。

森戸　そういうことのようですね。採用の自由の制約と言ってもまあこう言っちゃなんですがお金を払えば採用そのものは免れるわけですし，実際にもこの施策が一定の役割を果たしてきたと。やっぱり雇用義務の数字があるから，しょうがないから雇うという面もあるでしょう。でも実際に雇ってみることで，障害を持った人も一定の仕事ができるんだ，思っていたより活躍してもらえるんだ，と気づいてもらえるという効果はあった。そういう意味からも，一応法的な正当性と言うのかな，それは認めていいんでしょうね。

小西　そうですね。

### ▼「二本柱」での新たな展開

小西　て，これまではこの一本柱だったわけですけれども，近年新しい動きがありまして，2006年に障害者権利条約が採択されて，日本は2007年に署名して国内法の整備が必要になりました。

森戸　なんかよくあるパターンだね。条約の批准で，国内法整備せな

あきまへん，みたいな。男女雇用機会均等法もそうでしょ。

**小西**　均等法は 1979 年に採択された女子差別撤廃条約ですね。障害者の分野でも，まさにそういう流れの中で，2013 年に障害者差別解消法が制定され，障害者雇用促進法も改正されました。この改正で，障害者差別が禁止され，事業主に合理的配慮の提供義務が課されました。これが新しい 1 つの大きな柱として立てられたわけです。じゃあこれまでの雇用率制度はどうなったのかと言いますと，それも 2016 年の改正法施行以降もなお重要な柱として存続しています。なので現在は，2 つの大きな柱の上に障害者雇用促進法が立っていると言えます。

**森戸**　差別禁止と合理的配慮と，新しい規制ができたけど，しかし雇用率も維持された。

**小西**　そうですね。

**森戸**　雇用率というのは，ある意味健常者に対する逆差別的な要素を含んでいます。それを維持しつつ，他方で差別禁止規制もつくった。この二本立ては理屈に合ってんの？

**小西**　そこは検討しなければいけない大きな問題です。コンセプトの違う二本柱で立っていられるのか。

**森戸**　そうですね。

### ▼ 障害者差別の禁止

**小西**　それでは，新しい柱について見ていきたいと思います。障害者差別禁止については，労働者が障害者であることを理由として，障害者でない者と不当な差別的取扱いをしてはならないと定められています。募集・採用とその他労働条件とかの待遇の場合とでは条文は違いますが，おおよそこのような内容です（障害者雇用促進法 34 条・35 条）。

> 障害者雇用促進法
> （障害者に対する差別の禁止）
> 34 条　事業主は，労働者の募集及び採用について，障害者に対して，障害者でない者と均等な機会を与えなければならない。
> 35 条　事業主は，賃金の決定，教育訓練の実施，福利厚生施設の利用その他の待遇について，労働者が障害者であることを理由として，障害者でない者と不当な差別的取扱いをしてはならない。

**森戸**　募集・採用も含め，あらゆる局面で，雇用において障害者差別しちゃいかんという規定ができたわけです。非常に大きな変化ですよね。

**小西**　そうですね。障害者権利条約に署名したということをステップに，とっても大きな改正が行われたということです。で，これについては，性別についてもそうですが，指針を定めると法律に書いてありまして，差別禁止指針が出されています。それによれば，いくつかの場合にはこの 34 条，35 条違反にはならないと定められています。まず 1 つ目として，積極的差別是正措置として障害者を有利に扱うということは，法違反にはなりません。

---

「障害者に対する差別の禁止に関する規定に定める事項に関し，事業主が適切に対処するための指針」（平成 27 年厚労告第 116 号）（障害者差別禁止指針）　　　　　　　　　　　　　　　　　　　　　　　　〔抜粋〕

14　法違反とならない場合
　1 から 13 までに関し，次に掲げる措置を講ずることは，障害者であることを理由とする差別に該当しない。
イ　積極的差別是正措置として，障害者でない者と比較して障害者を有利に取り扱うこと。

---

**森戸**　障害者でない者との間での不当な差別的取扱い禁止というのは，不利益取扱いの禁止なのであって，有利な取扱いは禁止していないと。
**小西**　そういうことです。

森戸　それは法律上どこから出てくる話なのかな。この「積極的差別
是正措置」ですが，性差別に関する均等法にはポジティブアクション
という規定がありますが（8条），障害者雇用促進法上には明文の規
定はない。指針にポッとこれが出てくる。

小西　はい。

森戸　何か具体例で書いてあるのですか。

小西　いえ，積極的差別是正措置の定義とか，どういうふうな場合が
それかというのは特に書いてないですね。あと2つ目は，合理的配
慮を提供し，障害者でない者と異なる取扱いをすること。これも法違
反にならない。

〔承前〕

ロ　合理的配慮を提供し，労働能力等を適正に評価した結果として障害者
　でない者と異なる取扱いをすること。
ハ　合理的配慮に係る措置を講ずること（その結果として，障害者でない
　者と異なる取扱いとなること）。
ニ　障害者専用の求人の採用選考又は採用後において，仕事をする上での
　能力及び適性の判断，合理的配慮の提供のためなど，雇用管理上必要な
　範囲で，プライバシーに配慮しつつ，障害者に障害の状況等を確認する
　こと。

森戸　これもある意味では有利な取扱いをするということだよね。

小西　はい。そこで気になるのは，35条の「不当な差別的取扱い」
という表現です。障害者差別解消法とか職業安定法とかでは使われて
いて，法律上全く使われていない表現ということではないんですが，
労働法上のほかの差別禁止規定では使われていない表現なんです。

森戸　なるほど。

小西　たとえば均等法では，「性別を理由として，差別的取扱いをし
てはならない」と定められていまして，「不当な」というのは入って

いない（6条）。

森戸　まそうだよね，本来は，不当かどうかにかかわらず，差別はいかん，いかんのが差別だ，ってことだもんね。

小西　先ほども言いましたが，性別というのは，目を閉じれば……

森戸　平井堅だ。

小西　ありましたよね（笑）。正確には閉じるのは瞳ですけど。

森戸　「目を閉じて何も見えず」っていうのは？

小西　それは「昴」（笑）。目を閉じる，多いですね。

森戸　すぐに目を閉じるんだよ，J-Pop の人たちは。

小西　え～っと，BARBEE BOYS の「目を閉じておいてよ」。

森戸　もういいよ！　なんの本なのこれ。

小西　（笑）。それで，性差別禁止というのは，まさに目を閉じてみれば同等の職務遂行能力があるんだから，どちらかを有利にも不利にも扱ってはいけないという仕組みです。次に妊娠等の場合は，やはり均等法ですが，妊娠等を理由として当該女性労働者に対して「不利益な取扱いをしてはならない」という表現です（9条3項）。ではなぜ，2013年の改正で設けられた障害者雇用促進法の35条では，「不当な差別的取扱いをしてはならない」という表現なのか，それは一体何を意味するのか。

森戸　立法趣旨とか立法過程での説明は何かないのですか。審議会などでも議論があったんじゃないの。

小西　障害者差別解消法でも「不当な差別的取扱い」という表現が使われているのですが（7条・8条），この法律制定時の国会では少し議論されています。政府参考人から「取り扱いに正当な理由がある場合には，……禁止される不当な差別的取り扱いに該当しないという趣旨」だと説明されています。

森戸　ってことはやっぱり，普通なら差別的取扱い禁止だけで終わるところを，あえて「不当な」とつけている，「障害者でない者と」と

わざわざ書いているのは，やっぱり少し例外があると。差別的取扱い
かもしれないけど，不当でなければいいんだよという余地がわりとあ
る，ということなのね。

小西　そうです。「障害者でない者と」と比較対象を設定しつつ，「不
当な」という言葉を入れているところが，特徴といえそうですね。

森戸　まあでもいずれにしてもやっぱりね，具体的に何が，どこまで
がいいのか悪いのかというのは，法律はできたばかりだし，まだ明確
ではないんですよね。

小西　そうですね。そういう意味で，34条，35条の障害者差別禁止
規定の意味を探っていくことはもちろん重要なわけですけれども，そ
れとあわせて，次に見ていく合理的配慮がどこまで求められるかとい
うことも見ていくことが必要になってくると思います。

## ▼　合理的配慮

小西　合理的配慮というのは，いわゆる講学上の表現の仕方で。

森戸　そうですね，条文上はそういう言葉はないんだよね。だけど指
針とかには出てくるでしょ。

小西　出てきます。

---

「雇用の分野における障害者と障害者でない者との均等な機会若しくは待
遇の確保又は障害者である労働者の有する能力の有効な発揮の支障となっ
ている事情を改善するために事業主が講ずべき措置に関する指針」（平成
27年厚労告第117号）（合理的配慮指針）　　　　　　　　　〔抜粋〕

第1　趣旨
　　この指針は，障害者の雇用の促進等に関する法律……第36条の2から
第36条の4までの規定に基づき事業主が講ずべき措置（以下「合理的配
慮」という。）に関して，その適切かつ有効な実施を図るために必要な事
項について定めたものである。

小西　障害者雇用促進法では36条の2とか，36条の3とかで，そのいわゆる合理的配慮に関する規定が置かれています。36条の2は募集・採用の場面を扱っていて，36条の3にはない，「障害者からの申出により」という表現が付け加えられています。

森戸　求職者に対する措置ということですね。

小西　はい。て，会社には合理的配慮が求められているわけですけれども，会社が講ずべき措置を考えるにあたっては，障害者雇用促進法は「事業主に対して過重な負担を及ぼすこととなるときは，この限りでない」と定めています。過重な負担がかからない範囲でやればいい，ということです。これが36条の2，36条の3なのですが，あわせて36条の4を見ますと，この合理的配慮の措置を講ずるにあたっては「障害者の意向を十分に尊重しなければならない」という規定になっています。会社としては，このあたりを考慮しながら合理的な配慮の措置を講ずることが要請されています。

（雇用の分野における障害者と障害者でない者との均等な機会の確保等を図るための措置）
36条の2　事業主は，労働者の募集及び採用について，障害者と障害者でない者との均等な機会の確保の支障となつている事情を改善するため，労働者の募集及び採用に当たり障害者からの申出により当該障害者の障害の特性に配慮した必要な措置を講じなければならない。ただし，事業主に対して過重な負担を及ぼすこととなるときは，この限りでない。
36条の3　事業主は，障害者である労働者について，障害者でない労働者との均等な待遇の確保又は障害者である労働者の有する能力の有効な発揮の支障となつている事情を改善するため，その雇用する障害者である労働者の障害の特性に配慮した職務の円滑な遂行に必要な施設の整備，援助を行う者の配置その他の必要な措置を講じなければならない。ただし，事業主に対して過重な負担を及ぼすこととなるときは，この限りでない。
36条の4　①　事業主は，前二条に規定する措置を講ずるに当たつては，障害者の意向を十分に尊重しなければならない。
②　事業主は，前条に規定する措置に関し，その雇用する障害者である労働者からの相談に応じ，適切に対応するために必要な体制の整備その

| 他の雇用管理上必要な措置を講じなければならない。

**森戸** 確認ですが，募集・採用のときは「申出があれば」合理的配慮をせよという規定になっていて，それ以外の局面では労働者の申出がなくとも配慮せよ，ですよね。

**小西** そうですね。

**森戸** 申出がなくても，障害者である労働者がいたら合理的配慮をする義務が会社にはある，そういう規定になっている。意向を十分に尊重，というのは，これは募集・採用時についてもかかってきますか？

**小西** はい。

**森戸** 大体構造はわかりました。合理的な配慮をしろ，そしてそれは障害者の意向に配慮したものでないといけない，つまり障害者がどうしてほしいかという希望もちゃんと尊重しなければいけないと。ってことは，場合によっていろいろなものがありうることになりますね。

**小西** そうですね。

**森戸** これが構造として面白いのが，そもそも合理的配慮とは何かという話がまずある。いくら労働者が希望しても，それは合理的配慮とは言えませんよ，ということで外れちゃうものが，理論上はあるのですよね。

**小西** そもそもおよそ合理的配慮とは言えないと。

**森戸** そう。その上で，合理的配慮ではあるけれども，それは会社に過重な負担になるからしなくてもいいよ，というものもありうる。

**小西** はい。そういう2段階で検討していく必要があります。

**森戸** まず合理的配慮，これは一応指針がありますよね。そこに典型例のようなものが載っている。たとえば車いすの人にはスロープを，目が不自由な人にはペーパーテストじゃなくて点字の試験を，あるいは口頭での面接試験を工夫しろとかね。ではこういう場合はどうなのでしょう。会社にスロープはありますが，スロープは少し使いづらいのでエレベーターにしてほしい，という意向が障害者の側にあるとし

て，これは合理的配慮なのですかね。

**小西** 条文に即していうと，「障害者の障害の特性に配慮した必要な措置」と言える可能性はあると思いますけれども。

**森戸** でもスロープがあるんだからエレベーターはいらないだろう，ということで，「必要な措置」ではない，として切られることもありえますかね。でも意向を十分に尊重しないといけないから，そうするとやはり必要な措置だね，となるかもしれない。

**小西** はい。まあ実際には過重な負担かどうかというところで切っていくことになるのかなとは思いますけれども。

**森戸** でも理屈としては，そもそも合理的配慮かというチェックがまずあるんだよね，本当は。あと細かいことですけど，法的には，過重な負担というのは抗弁でしょ。会社側から，これを作る負担はあまりに重いです，と言わなければいけない。そういう意味では，会社側に措置の過重性の立証責任がある。それとの対比で考えると，合理的配慮かどうかというのは，一応労働者側が立証するということなんでしょうか。

**小西** 条文上はっきりとはわからないですけれども，要するに，まず一応合理的だということは労働者側で言えと。そもそもそこで言えないのなら，会社側が負担うんぬんを説明するまでもない，という作りなんですかね。

**森戸** たとえば，障害のせいで会社に通うのが面倒なので，うちの近くに支店を作ってください！ っていう意向を言っても，それは過重かどうか以前にそもそも合理的配慮とは言えませんよね，とそこで切れると。

**小西** そうではなくて，一応それを合理的配慮とみるとすると……

**森戸** その場合は，なんてお宅の近くに支店を建てるのが難しいかを会社側が立証しろという過重な負担の話になるんですかね。でもこの場合そこまではしなくていい気もしますよね。何かちょっとロースク

ール教育に毒されすぎたような話になってますけど。

## ▼ 「過重な負担」

**森戸**　過重な負担のほうはどうですか。「過重」の意味はどのように
とらえたらいいのですか，言ってみればお金の問題ですか。つまり，
大企業だったら金がないわけではないだろうということで，じゃあエ
レベーターくらい作れよとなる。でも中小企業だとお金がないからそ
れは厳しいよねとなる。そうすると，同じような合理的配慮が問題と
なる場面でも，大企業のほうが負担が重くなりうるんですよね。

**小西**　それはそうだと思います。指針でも，過重な負担の考慮要素と
して6つ挙げられています。①事業活動への影響の程度，②実現困
難度，③費用・負担の程度，④企業の規模，⑤企業の財務状況，⑥公
的支援の有無，です。

**森戸**　うーんなるほど，実際には，この基準を満たしている満たして
いないとかいう話になるんでしょうね。そういう意味では指針という
のは重要ですね。「死ぬほど儲かってお金が余ってるおたくの会社は
このくらいしなさい！」みたいなことにもなりうるということですか
ね。

**小西**　そうですね，過重な負担かどうかは企業によって幅が出ますね。
あ，だからこそ，そもそも合理的配慮か否か，のチェックも大事にな
ってくるのかな。こちらは企業規模とか体力と関係なく決まるという
ことで。

**森戸**　なるほど，そう考えると合理的配慮か否かは事実上ノーチェッ
クというわけにはいかないっていうことになるのかな。

**小西**　しかし考えてみますと，ほかの類型の差別では，大企業だから
女性差別しちゃだめだけど中小企業ならしょうがないみたいなのはあ
まりないですね。あ，「働き方改革」の均等・均衡待遇は中小企業だ
け施行を遅らせましたけど。

森戸　過重な負担の話に戻りますけど，もちろんお金の問題だけじゃないですよね。たとえば，今の会社の人事組織を全部変えなさいとか。これは何か設備を作るわけではないので，ものすごいコストがかかる話ではないかもしれない。だけどそれは今後会社をやっていく上で，結果的に，長期的には非常にマイナスというか，それでは仕事になりませんというようなことになりうる。そういうことまではもちろんしなくていい。別に何かを作るとかじゃないから，そういうお金は一銭もかからないけれども，組織上の建て付けを変えるわけにはいきません，というのも過重な負担と見てもらわないと困りますよね。

小西　言えますよね。でも，組織を変えなきゃいけないからって，当然に過重な負担があるともなりませんよね。

森戸　たとえばお客さんに対応する仕事で，全部対面でやってきたと。でも，別に Skype とか Zoom を通じたお客さんとの話でもできなくはないよねってなったときに，在宅でお客さんと Skype でやりとりしたいです，合理的配慮として認めてくださいといったときに，お金は大してかからないかもしれないが，うちではそういう対面でお客さんと話をすることを原則としている会社なのでできません，というのは，通りますか？　さっきの６つの基準のどれかに引っかかるかな？「事業活動への影響の程度」ですかね。やっぱりうちはとにかく対面だ，と。

小西　そういう会社もあると思いますが。あとは異動の可能性の有無とかも含めて，全部見ていくことがたぶん必要になってくるとは思います。

### ▼ 労働契約との関係：無限定型かジョブ型か

森戸　やっぱりね，日本で一般的な，職務を限定しない無限定型の労働契約においては，どこまでが OK で何をしなければいけないかというのは非常に見えにくい。考えようによっては何でも，会社はあらゆ

ることを障害者にしてあげなきゃいけないよというふうになる気もす
るよね。それはそれでいいじゃないかという意見もあるかもしれない
けれど，やっぱりちょっと広くなりすぎるかなという気はする。

小西　そうすると，現実的対応として必要なのは，法の建て付けはと
もかく，障害者を含む労働者と使用者との間で話をしていきながら
……

森戸　なんかええ感じにまとめようとしてるなあ。

小西　（笑）。どこかで着地点を模索するということが重視されるとい
うことですかね。

森戸　もちろんね，労使プラス障害者雇用の専門家みたいな人とかも
交えて話し合って，障害者の意向を尊重して話ができればいちばんい
いですよね。

小西　それで決まったことというのは，やっぱり法的にも合理的配慮
であるという評価につながりやすい。

森戸　それはそうなんじゃない？　いかにも日本的な着地でちょっと
嫌だけど。ただ，そもそも日本には，障害者の話に限らず，労使で話
し合って物事を決めていくみたいな土壌がホントにあるのかなという
気もするよね。あとこれ，募集・採用のときにも関わるわけだから，
まだ労働者になる前の話もあるわけでしょ。話合いで決めていくもの
ですというのはそのとおりだと思うけれども，そこに全部任せちゃう
と，きれいな感じではあるけど……

小西　そうですね，現実的にはどうなのかなという気もします。

森戸　よりジョブ型というか，障害者雇用のときは仕事内容をより明
確にして雇うという方向もあるのかもしれないなと。日本の雇用が全
体としてそうなるべきだという話もあると思うけど，でも障害者の場
合は特に，この仕事をやってもらう，仕事内容はこれ，というのを明
確にした，いわゆるジョブ型雇用の雇い方がなじむのかな。

小西　確かにそのほうが，必要な合理的配慮の中身は決めやすくなり

そうですね。途中で障害者になった場合にはどう考えるのかという問題は残りますが。

## ▼ 今後の方向性：量も質も高めよう

**森戸** それはおっしゃるとおりですね。あとね，ちょっと昔のアメリカの研究に，障害者雇用に関して，リーズナブル・アコモデーション（合理的配慮）のために，つまり障害者を雇うことがその分会社にとってそれなりの負担になりうるから，むしろ障害者の新規採用が阻害されている，というのがあったんですよ。

**小西** そうか，合理的配慮は大事だけど，それがあまりにもふわっとしていて広すぎて，障害者を雇ったら，あるいは労働者が障害を負ったらとんでもない負担を負わなきゃいけなくなるんです，って会社に思わせちゃうのはよくないですね。

**森戸** もうちょっと法的な基準を明確にしたほうがいいよね。

**小西** あとは，障害者雇用の促進というのは質の面でも量の面でもやらないといけないので，やっぱり二本立て，二本柱で，雇用率制度で量の部分を確保していきながら，かつ差別禁止と合理的配慮で質も高めていくということが必要なんでしょうね。

**森戸** なんかすごくきれいなことを言うなあ。

**小西** （笑）。話は戻りますが，雇用率制度というのと差別禁止というのは両立しうるということでいいですかね。

**森戸** あまり従来の差別禁止法との整合性に集中しすぎる必要はないかな。雇用率はこれまでそれなりの役割を果たしてきたから維持して，それと別に合理的配慮と差別禁止規定もできましたと。これが全部セットで障害者雇用促進策なんだととらえて，全体としてうまく動くかというふうに見守っていくしかないんじゃないですか。そういう意味では，ほかの差別禁止法とは違う，特殊だ，というのがあってもいいんじゃないかな。

小西　今後差別禁止法がどう機能するかを見ていく中で，場合によっては雇用率制度というのはこのままでいいのかという議論になるかもしれない。あるいは雇用率は福祉的な制度のほうに整理していっちゃうというのもあるかもしれません。

森戸　福祉的っていうのは，雇用率というのは通常なら雇用の可能性がない人についての制度だ，と割り切って整理しちゃうってことね。

小西　そうですね。雇用率と差別禁止と，今はある意味同じところをターゲットにしていますが，それぞれの役割を分担するということも考えられるかもしれません。

森戸　とりあえず両方走らせて様子見という，言い方は悪いけどそういう感じなのかもしれないな。

Closing

### ▶ 意識高い系若者たちへ

小西　さてこのテーマからは，学生さんたちに対するどんなアドバイスが出てきますかね？

森戸　制度をしっかりと理解する。

小西　それだと当たり前の話になっちゃうかなと（笑）。

森戸　もうちょっと気の利いたことを言わなあかんか……障害者雇用促進法の規制は，もちろんほかの差別禁止法の「仲間」ではあるんだけれども，でもやっぱり，障害を理由とする差別というのはほかのとはちょっと違う。

小西　障害は職務遂行能力にマイナスの影響を与えうるという意味で，目を閉じても消えない差別という側面があるってことですね。

森戸　うん。なので日本法もおそらくそのことに配慮して，たとえば，単に差別を禁止するんじゃなくて，不当な差別を禁止する，という規

制にした。その上で，雇用率というまたちょっと特殊な，ある意味企業の採用の自由とも摩擦を起こしうる制度も実施している。

**小西**　あとは，日本の労働契約においては職務を特定することが少ないために，合理的配慮の中身を特定するのが難しくなりうるということを理解することですかね。

**森戸**　職務がこれ，と決まっているなら，基本的には合理的配慮でその職務をできるようになるかだけ考えればいい。でも職務が特定されず頻繁な配置換えが前提となっているような労働契約だと，合理的配慮が際限なく広がってしまう可能性もある。

### ▶ 現場の労使の皆さんへ

**小西**　次に，現場の労使の皆さんに対して。すでに差別禁止と合理的配慮を並立させた制度が走り出しているわけですが，まずは労使でできることというのは，障害者の意向を尊重しながらいろいろと話をしていくことかなと思います。2016 年に新しい制度が施行されたわけですけれども，実は制度施行前から，使用者には，障害者に対する措置という限定はありませんが，安全配慮義務という形で一定の要請がなされていたわけです。2016 年の改正法の施行で，そのようなこれまでの要請が全く不要になるというわけではない。僕としては，むしろその延長として今回の改正があると考える余地もあるように思っています。これまで要請されてきた安全配慮義務の内容を踏まえた上で，障害者雇用促進法や指針に定められていることをベースに，労使間で話し合っていくべきかなと。

**森戸**　やっぱりそうですね。労使間で，必要があれば専門家を交えてですが，合理的配慮について，もうちょっとくだけて言えば，障害を持った人に本当にちゃんと働いてもらえる環境作りをする。それが大事でしょうね。それと同時に，職務評価とまで言うかどうかは別として，うちの会社の仕事はどういうもので，この仕事はどういうことを

やる仕事で，このポジションは何をどうする仕事なのか……などなど，職務の切り分けというのかな，そういうこともしていくことが必要だと思いますね。やっぱり，障害によって職務遂行能力に一定の影響が出ている人に働いてもらうためには，何ができて何ができないのか，ではできない部分は誰かがカバーしよう，もしくは合理的配慮でなんとかしよう，と考えていかなければいけないわけでしょ。

**小西**　確かにそうですね。仕事内容の明確化，契約内容の明確化という作業が必要なんでしょうね。法はそういうことを促す流れを作っていると言える気がしますね。

**森戸**　それは職場において，全体にとって悪いことではないと思いますよ。言ってみれば，結局，年をとればみんな広い意味では障害者の要素が出てくるわけでしょ。他人事だと思ってるかもしれないけど。みんなが長く働いていくためには，合理的配慮というとなんか重い感じもするけれど，実はそれはある意味では当然のことなのだと。みんなが能力を発揮して，年をとってもできるだけ長く働いていくために必要なことと思えばいいんじゃない？　ちょっと話が広がりすぎだけれども。

**小西**　いや，本当にそうだと思いますね。差別禁止と合理的配慮というのを組み合わせると，すごく難しいことという感じがするのですけど，合理的な，一定の配慮をするということ自体というのは，本当にもう普遍的というか。

**森戸**　実は労働契約上当然のことなのかもしれないですね。

### ▶ 霞が関の皆さんへ

**小西**　あと，霞が関の皆さんに対しては，どうでしょう。

**森戸**　統計をごまかすなとか？

**小西**　（笑）。

**森戸**　1 つは，もちろん今後裁判例の蓄積もあるでしょうが，やはり

基準を明確にしていただきたいですよね。指針とかにはなるべく具体的な，実務に役立つような基準を定めてほしいなという。あともう1つは，障害者雇用促進という本来の目的にマイナスになるような規制をしちゃいけない，という頭は常に持ってほしいですね。アメリカの研究にもあったように，合理的配慮とかいうヤツでなんかものすごい負担になるんだとしたら，障害者なんか雇いたくないよ，納付金月5万円払うほうが面倒がなくていいよ，となっちゃうのはやっぱりよくない，マイナスですよね。障害を持っていたらかわいそうでしょ，だから言われたこと全部，何でも配慮しましょう，あとはよろしくねって丸投げしたら，結果的に障害者雇用にマイナスに働くかも，という頭は持っていただいたほうがいいような気はしますね。

**小西** そのあたり，どうなんでしょう。雇用率と差別禁止と，現在二本立てで走らせているわけですが。

**森戸** そうですね，今後の議論としては，二本立ては重いっていう立場もあるかもしれないですね。

**小西** うーん，どうでしょう。二本立てこそ，障害者雇用を質，そして量ともに進展させていく重要な役割を果たしうる仕組みなのかもしれないですし。まあでも，二本立てて走らせるとしても，先ほども議論したみたいに，現行の枠組みだけが絶対的に完璧な二本立てのあり方というわけではないでしょうね。たとえば，ドイツでは雇用率制度の対象を，重度障害者とそれと同等の者としているようですが，雇用率制度と差別禁止規制のカバーする範囲，守備範囲をどう考えるか，役割分担的に考えられるのかも，今後の検討課題になるのかもしれないですよね。

**森戸** そうですね。

**小西** あとは，今回は障害者雇用促進法の2つの制度を中心にトークしましたけど，障害者の雇用だけでなく生活全般を総合的にどう考えていくのか，という視点も大切だと思います。たとえば，一般の事

業所で雇用されて働くことが難しい人たちは福祉的就労と呼ばれる一般の労働市場とは異なる場で就労することもあります。この福祉的就労から一般の就労への移行を進めていくということも必要とされますが，他方で，一般の就労がそれでもやはり困難な人たちへの対策も重要です。雇用との距離とか，雇用へのアクセスのしやすさというのは，本当に人によって違ってくるので。

**森戸**　うん。まあだから，決して障害者雇用促進法の話だけで終わる問題じゃないですよっていうことだね。霞が関には，そこはぜひ連携をとってくださいとお願いするってことですかね。

**小西**　そうですね。

---

## Answer

　障害者雇用促進法では，障害者である労働者に対して，いわゆる合理的配慮を行うことが要請される（障害者雇用促進法36条の3本文）。厚生労働省が定める合理的配慮指針では，多くの事業主が対応できると考えられる措置の例として，肢体不自由の場合，スロープの設置などを挙げている。他方で，こうした措置を講ずることについては，それが「過重な負担」にあたる場合には，事業主がそのような措置を講ずることまでは障害者雇用促進法上は要請されていない（同条ただし書）。そして，こうした措置を講ずるにあたっては，事業主は，障害者の意向を十分に尊重しなければならない（同法36条の4第1項）。

　したがって，まず，下肢が不自由になったサナダに対してゴンドウ社によるスロープの設置，「誰でもトイレ」の設置が合理的配慮といえるか，「過重な負担」にあたっていないかが検討されることになる。仮にこうした措置が「過重な負担」にあたるとしても，ゴンドウ社としては，ほかの措置を検討する必要があり，そこでは，障害者であるサナダの意向を十分に尊重する必要がある。**Case**において，ゴンドウ社は，営業部への異動と営業車での営業を打診しているが，こうした措置をゴンドウ社が一方的に実施するのは，障害者の意向を十分に尊重しているとはいえず，適切な取扱

いとはいえない。ゴンドウ社では，すでに一部の労働者にテレワークが認められていることからすると，サナダにもテレワークを認めることが，障害者雇用促進法の趣旨に合致した選択肢となりうる。

　なお，障害者雇用促進法は，「労働者が障害者であることを理由として，障害者でない者と不当な差別的取扱いをしてはならない」と定めている（同法35条）。**Case** の事情の下で，ゴンドウ社がサナダを解雇した場合，その解雇は当然に同条違反とはいえないとしても，一般的に適用される解雇権濫用規制（労働契約法16条）により，無効となる余地は十分にある。

長谷川珠子・福島大学准教授によるコメント

「障害者雇用促進法における『障害者』とは」

　関西弁（京都弁）全開の小西先生とえせ関西弁やけど意外に上手な森戸先生につられて，私もちょっとだけ関西弁（播州弁）で書こかと思います。

　お二人の **Talking** ではうまいことごまかされていましたが，まず，障害者雇用促進法の「障害者」の定義を確認せなあかんのちゃいますか。同法2条1号は，障害者を「身体障害，知的障害，精神障害（発達障害を含む……）その他の心身の機能の障害……があるため，長期にわたり，職業生活に相当の制限を受け，又は職業生活を営むことが著しく困難な者をいう」と定義していて，これは，基本的に，以下のように整理できます。

①身体障害者手帳の所持者（同条2号）
②療育手帳の所持者または知的障害者と判定された者（同条4号）
③精神障害者のうち精神障害者保健福祉手帳の所持者（同条6号）
④精神障害者のうち統合失調症，そううつ病またはてんかんなどの罹患者で精神障害者保健福祉手帳を所持しない者（同号）
⑤各種の手帳を所持しない，発達障害者や難病患者等で，長期にわたり職業生活上に相当の制限を受ける者

　雇用率制度の対象者は，若干の例外はあるものの，原則として①〜③の手帳の所持者等に限られているのに対し（促進法37条），差別禁止・合理的配慮の規定の対象者は①〜⑤をすべて含みます。この違い，結構重要やのに，正しく理解されてないことが多いんで，注意してください。

　ただ，現在障害者として扱われている人すべてが，ほんまに定義どおりに促進法2条1号のいう「長期にわたり，職業生活に相当の制限を受け」ているかというと，かなり疑わしいです。産業構造の変化やバリアフリー・ICT化が進む中で，身体障害者を中心に，職業生活上の制限や困難が大きく低減する場合がみられていて，そういう場合

THEME
04

障害者雇用 ――

は，雇用率制度の対象から外すこともありやと思うんです。他方で，発達障害や知的障害のグレーゾーンといわれる状態にある人たちは，手帳を取得することができないけれども，働く上では困難を抱えることが多く，雇用率制度の対象にしたほうがよい場合もあります。いずれにせよ，障害者の定義や範囲全体を再検討する必要があると思います。

**「合理的配慮について」**

　合理的配慮について，2段階で検討するというのは，そのとおりやと思います。まず，障害者の希望する配慮が，そもそも合理的配慮といえるんか？　ということが問われます。合理的配慮指針は，日常生活のために必要である眼鏡や車いす等は，合理的配慮には含まれへんとしています（第4の1(2)イ）。また，合理的配慮は，均等な機会の確保や障害者の能力の有効な発揮の支障となっている事情を改善するための措置ということなので，「中途障害により，配慮をしても重要な職務遂行に支障を来す……場合に，当該職務の遂行を継続させること」（同ロ）や，改善効果がなかったり，ちょっとしか効果がないといった措置は，合理的配慮にはあたらないということになります。

　お話しされていたスロープとエレベーターの例に関しては，エレベーターも「必要な措置」であって，合理的配慮には含まれると考えるべきなんちゃうかなと思います。合理的配慮になりそうな候補が複数あって，その中からどれかを選ぶ場合，障害者の意向を尊重せなあかんのはそのとおりなんですけど，指針にもあるように，障害者の意向を尊重した上で，最終的には事業主が提供しやすいほうを選んでええことになりそうです（第3の1(3)，第3の2(3)）。スロープの勾配がキツすぎて車いすでは上れへん！　というような事情がない限り（それだとスロープは合理的配慮にあたらない），複数ある合理的配慮候補の中から，スロープを選んだということになるのだと思います。

　合理的配慮の提供にあたって，話合いが非常に重要になってくることは間違いないです。そうはいっても，**Talking** にもあったように，労使で話し合う土壌が日本にあるんか，と問われると，うーんと唸っ

てしまいますけど，合理的配慮指針第3にある「手続」の項目等を参考にしながら，少しずつ変わっていくしかないんやろなと。その際，促進法36条の4第2項に定められた障害者からの相談に応じる体制の整備がカギになってくるんやろうと思います（合理的配慮指針第6も参照）。

　そして，合理的配慮は障害者以外にも広がりうる概念やと私も思っていて，労働者の加齢に伴う労働能力の変化への配慮はもちろん，個々の労働者の（私生活も含めた）多様な事情に対し，会社の側も配慮をする時代に変わっていく必要があるのかなと。そうだとすると，集団・個別にかかわらず，労使の話合いができる文化を育てたり，話合いをサポートする体制づくりを同時に進める必要がありそうです。

「中途障害者について」

　障害者であることを前提に採用する場合は，ジョブ型であることが多いため，合理的配慮も比較的明確です。やはり問題は中途障害の場合（障害の症状が悪化した場合も）で，職種無限定（メンバーシップ型），職種限定（ジョブ型）ともに，なかなかに難しい問題があります。

　職種無限定の場合，事業主がどこまで合理的配慮をせなあかんのかは，なかなか厳しい判断を必要とします。今後の裁判例の蓄積を待つ必要がある，として終わらせたいところですが，一言だけ加えておきます。障害者雇用促進法に合理的配慮の規定が導入される以前から，日本では合理的配慮とよく似た考え方が法的にも実態としてもみられていました。その1つが，片山組事件最高裁判決（最判平成10・4・9労判736号15頁）です。同判決は，（中途障害等により）従前の職務遂行ができないとしても，配置される現実的可能性があると認められる業務について当該労働者が労務を提供することができ，かつ，その提供を申し出ているならば，なお債務の本旨に従った履行の提供があると判示しました。したがって，職種無限定の場合は，障害により従前業務ができなくなったとしても，別の業務へ就かせることが，合理的配慮になりうるということができます。ただし，総合職として採用された労働者について，一般職にまで広げて配置転換先を検討すべきか

については，それを否定する地裁判決もあります（日本電気事件・東京地判平成 27・7・29 労判 1124 号 5 頁）。

　片山組事件最高裁判決は，職種限定の場合には触れていません。下級審や学説の立場も分かれています。合理的配慮の提供義務規定が導入されたんやし，事業主は他職種への配転可能性も検討すべきなんちゃうかな，ただし，無限定の場合と比べたら過度な負担となる可能性は高まるのはそのとおりやろな，というのが私の考えです。

　これまで障害者雇用の分野は，ちょっとマイナーな扱いをされてきたんですけど，上述したように合理的配慮概念は懐が深い概念で，実はすべての人に関係しうる分野ともいえるんで，労働法を学ぶ上でも，労使双方にとっても，政策的にも，欠かせない分野になりつつあるんちゃうかなと思います！

はせがわ・たまこ　　専門は労働法，特に障害者雇用法制。

# 高齢者雇用
## ──私がジジババになっても

---

## Case

　シロエビ商事に勤務するウオヅさんは，もうすぐ60歳の定年を迎え
ようとしていた。バブルの絶頂期にイケイケ社員であったウオヅさん，
今なら即アウトが確実なセクハラやパワハラにもひととおり手を染めて
きた口であったが，運のいいことに過去の悪事が明るみに出ることはな
く，大出世はしなかったものの，そこそこ偉そうな立場で大企業勘違い
系オレ様社員のプライドをキープしたままリタイアできそうな感じであ
った。

　そのウオヅさん，今日は人事部が定年退職間近の社員を対象に実施し
ている「セカンドライフセミナー」にやってきた。この手の研修やセミ
ナーは大体サボっていたのだが，これは絶対に出なくちゃダメなヤツで
す！ と人事部のカワイイ女性新入社員に言われたため（バブル世代は結
局そういうことで動く），ブツブツ言いながら来場したウオヅさんであっ
た。

人事部「60歳が定年ですが，65歳までは希望すれば全員再雇用され
　ます」
ウオヅ（心の声）「なんだ，確か前は一応選抜あったよな……今は誰で
　も再雇用されちゃうんだな」
人事部「ただし再雇用先はシロエビ本体とは限りません。子会社や，地
　方の関連会社になる可能性もあります」
ウオヅ（心の叫び）「なんだよ！　前は大体定年前と同じ職場で引き続き
　働けたのに……」

人事部「月給は仕事にもよりますが大体従前の３割ほどになります。
賞与はありません」
ウオヅ（魂の叫び）「おいおい！　前は最低でも６割はくれてたぞ！　３
割って，殺す気か!!」

## ▼ 高年法上の３つの選択肢

森戸　高齢者雇用ということですが，要するに引退過程，労働者がずっと働いてきて，引退生活に入る。働かないで年金で食べていく。雇用から年金への移行過程，引退過程ですね。ここに関して法政策はどうなっているのかということを確認したいと思うんですけど，ご承知のとおり定年制というものが広く日本には存在しているわけですね。統計上も，なお９割ぐらいの企業に定年制があります。

　全体像をざっくり概観すると，定年制は法律上定めなきゃいけないわけではないんだけれども，多くの会社が定めている。じゃ，定年に関して何か規制があるのかというと，高年齢者雇用安定法（高年法）が，基本的には定年を定めるなら60歳以上にしなさいと。一部例外はあるんですけど，50歳定年とか55歳定年ではだめです。じゃ60歳定年ならいいのかというと，ここからが若干複雑で……

小西　高年法９条１項の，高年齢者雇用確保措置ですね。

森戸　そうですね，その措置は３つの選択肢から構成されてまして，事業主は60歳定年プラス，３つのうちどれか１つもやりなさい，ということが義務づけられています。１つ目は，定年を65歳以上に引き上げる。いろんなまだ経過措置的な部分もあるんだけど，簡単に言えば。２つ目が，定年は60歳でいいけども，60歳以降は希望者全員再雇用で65歳までつなぎなさい。これは定年延長じゃなくて再雇用だから，労働条件下がってもよいという前提。無期雇用から有期雇用に変わってもよい。３つ目が，これは１つ目，２つ目とある意味真逆なんですが，定年を廃止してもいい。これら３つのうちどれかをやってくださいと。

（高年齢者雇用確保措置）

9条　①　定年……の定めをしている事業主は，その雇用する高年齢者の65歳までの安定した雇用を確保するため，次の各号に掲げる措置（以下「高年齢者雇用確保措置」という。）のいずれかを講じなければならない。

　　一　当該定年の引上げ

　　二　継続雇用制度（現に雇用している高年齢者が希望するときは，当該高年齢者をその定年後も引き続いて雇用する制度をいう。以下同じ。）の導入

　　三　当該定年の定めの廃止

### ▼　再雇用制度

小西　再雇用が希望者全員になったのは最近でしたっけ。

森戸　かつては，一定の選抜基準を設けることができました。希望者全員じゃなくてよいと。でも高年法の2012年改正で，そういう労使協定ができなくなりました。希望者全員再雇用じゃないとだめと。これは公的年金の支給開始年齢引上げとの関係です。

小西　1階部分，基礎年金にあたる部分はもう65歳になってますよね。

森戸　はい，そして今度は2階部分の支給開始年齢引上げが，2013年度から開始することになっていた。要するに2013年からは年金を61歳からしかもらえない人が出てくる。ところが定年が60歳で，希望者全員再雇用されるとも限らない，ということだと，雇用と年金の間に政策上のギャップが出ちゃいますよね。それはまずい，なんとかそこをつながなきゃいけないというので，じゃ希望者全員再雇用にしましょう，というのが，高年法の2012年改正の趣旨だったわけです。

小西　1つ目と2つ目，定年の引上げと再雇用の違いはなんですかね。

森戸　65歳までの何らかの雇用義務があるという意味では同じかもしれないけど，再雇用だと60歳定年で労働条件下げてよいというと

ころが重要なんじゃないですか。

小西　定年の引上げでも，労働条件の引下げが全く排除されているわけではないのでは？

森戸　確かに，労働条件の変更は可能でしょうね。でも定年をかませて，契約形態自体が変わるのか，それとも同じ契約の中で労働条件が変わるのか，そこはやっぱ違いますよね。

### ▼ 目指す方向性は？

森戸　考えてみると，この３つの選択肢というのは非常に面白いです。定年引上げ，希望者全員再雇用，そして定年廃止。１つ目と２つ目は定年制の存在を前提とした規制です。しかし３つ目はその定年制自体を廃止しちゃうというオプションです。３つの中からどれかを選んてねという中に，定年制を前提とした選択肢と，もう定年制をやめちゃうという選択肢が並んで入っているというのは，シュールじゃないですか？

小西　うん，そうですね。国は企業にどうしてほしいんや，国としてどういう方向を目指してんねんと思いますよね。

森戸　もうちょっと言えば，要するに，これ労使に丸投げしてるわけでしょ。60歳以降の雇用のあり方，高齢者の引退過程のあり方は，あなたたちに任すよと。好きなのにしてねと。国としては決め切れませんでしたと。

小西　60歳定年，そこて雇用を完全に終了させるというのはだめだよと。そこだけが共通なんですね。

森戸　そしてこの３つの選択肢，多くの企業がどれを選んでいるかというと，統計上はっきり出ていますが，２つ目の選択肢です。定年後再雇用，希望者全員の再雇用を選んでいる。これが標準的な日本企業の姿だと思っていいでしょう。

小西　それはどうしてですかね。定年延長では労働条件下げづらいか

らかな。就業規則に大幅に手を入れなきゃいけない。

**森戸** それもあるでしょう。でもそれだけじゃなくて，やっぱり昔から，60歳の定年までがうちの会社の現役の戦力，という人事管理をしてきているわけで，それをいじらずに済むじゃないですか。それに継ぎ足してできる選択肢だから，とりあえずはあまり大きな見直しをしなくてよい。定年を65歳にするとなると，60歳以降もですけど，60歳以前の人事管理のあり方も全部見直さなきゃいけませんよね。60歳から急に賃金下げるんじゃなくて，もっと前の段階から賃金カーブを寝かせたり，処遇を再検討したり。さらに定年廃止となれば，もっといろんなことを考えなきゃいけない。

**小西** そうですね。1つ目と3つ目は，やっぱりなかなかハードルが高い。

**森戸** 付け焼き刃な感じにはなるけど，2つ目の選択肢がいちばん選びやすい。国としてもこれを意図してそういう選択肢を用意しているんだろうと思います。現実的なオプションとして。

## ▼ 定年制は年齢差別か？

**森戸** たとえばアメリカでは，定年制は年齢差別の最たるものだと考える。年齢を理由にして辞めさせるんだから。確かに一定の年齢が来たら自動的に辞めていただく仕組みですから，個々人の能力は見てないと言えば見てない。ただ日本では，高年法が定年制の存在を前提とした規制をしてますから，政府は定年制を違法だとは思ってない。判例も，正面から判断しているわけじゃないけど，定年制は合理的な制度ですみたいなことはあちこちで言ってる。学説上はともかく，少なくとも政策は定年制は違法ではないという前提で動いている。

**小西** 年齢差別って，性別を理由とする差別的な取扱いとまたちょっと違いますよね。

**森戸** そうですね。年齢は全員平等に毎年変わっていくけど，女性が

いつの間にか男性になったりということはない。ただ年寄りを差別してた 25 歳もいずれ 65 歳になるわけです。

**小西**　なるんやてみんな。わかってるか？（笑）

**森戸**　それから，特に日本社会って seniority, 年功制，長幼の序みたいなのが一定の社会的規範になってますよね。そういうのと年齢差別禁止という考え方とが相容れるのかという問題もあります。ただ他方で日本の法律も，労働施策総合推進法 9 条が，募集，採用において原則は年齢に関わりなく均等な機会を与えろ，というまさに年齢差別禁止的な規制を置いています。雇用の入口のところはもう年齢差別禁止が日本でも原則なんです。実際には，大した理由もなく「パート募集　40 歳まで」みたいな不当な差別が行われてますけど。でも考えてみると，入口で年齢差別だめだって言っているけど，出口のところは定年制で年齢差別していいよという規制にしてるんですよね。

**小西**　そういう意味ではねじれているし，ちょっとごまかしがある。

**森戸**　これはもちろん現実に即しているんでしょうけど。

**小西**　入口と同じように，出口も年齢差別で規制すべきなのかも？

**森戸**　アメリカは原則そうなんでしょうね。ただ他方でヨーロッパは，入口の年齢差別は多くの国が EU 指令に沿って禁止しているけれども，出口はそれなりに柔軟です。年金の受給資格がある人については，それを理由に辞めさせることもできますよという国が多いですね。EU 指令も一応そういう例外を認めています。引退できる人，年金をもらえる資格がある人については，年齢差別の例外を認めていると言えば認めているのかもしれません。でも日本の定年は，年金の受給資格と直接はリンクしていない。年金を一切もらえない人でも定年は来ますので。

### ▼ 再雇用は拒否できないのか？

**森戸**　希望者全員再雇用なんだけど，じゃあ希望すればどんなだめな

人でも再雇用しないといけないんですかという問題があります。法改正のときには経営側からだいぶ文句が出たんですけどね。て，その点，施行通達によれば，要するに解雇できるような人ならば継続雇用の対象にしなくていいですよ，ということです。つまりその人は，今解雇できる人なんだから，再雇用しないというのは解雇の意思表示と同じようなものだから，それならいいですよ，と。

---

「高年齢者等の雇用の安定等に関する法律の一部を改正する法律等の施行について」（平成 24 年 11 月 9 日職発 1109 第 2 号）　〔抜粋〕

〔第 3 の 2 (3)〕

　継続雇用制度を導入する場合には，希望者全員を対象とする制度とすること。……心身の故障のため業務に堪えられないと認められること，勤務状況が著しく不良で引き続き従業員としての職責を果たし得ないこと等就業規則に定める解雇事由又は退職事由（年齢に係るものを除く。以下同じ。）に該当する場合には，継続雇用しないことができること。……ただし，継続雇用しないことについては，客観的に合理的な理由があり，社会通念上相当であることが求められると考えられることに留意すること。

---

**小西**　確かに理論的にはそれはそうですよね，だって解雇できるんだから。

**森戸**　ただそこはそう簡単じゃないと思うんですよ。定年が現実にどういう機能を果たしているかというと，もちろん自動的に辞めてもらう仕組みなんだけど，他方で，60 歳定年なら 60 歳まではそんな簡単に解雇しないよ，という雇用保障の役割もある。たとえば 59 歳で，ホントに何の仕事もしない労働者がいたとする。あんな奴さっさとクビにしちゃえばいいのにと誰もが思うような人。でも，あと 1 年待てば定年だから，あと 1 年我慢しよう，1 年経てば自動的にいなくなるから我慢しようよ，解雇するの面倒くさいし，ということで 60 歳まで待つってことがあったと思うんです，今までなら。

小西　法改正前なら，基準を満たさないということで再雇用しないこともできたでしょうしね。

森戸　ところが，今は希望者全員再雇用です。じゃあその人が60歳になって再雇用を希望したときに，「あなたは解雇できるような人だから再雇用できません」って本当に言えますかね？　だって59歳の時点で全然仕事してなかったのに60歳まで雇ったんですよ。解雇できる人だって言うなら，なんで59歳のときに解雇しなかったんですか。してないで60歳まで来てますよね。じゃ解雇できる人じゃないんじゃないですか。60歳まで雇えたんだったら61歳まで，62歳まで，63歳まで雇えるでしょうと，裁判所は考えるんじゃないかなあ。どうですか。

小西　そう考える余地はありますね。

森戸　ちょっと言いすぎかもしれないけど，この規制の下では，もし59歳で，こいつは解雇相当だという人が出てきたら，60歳まで待たないで，59歳ですぐ解雇したほうがいいんじゃないですかね。そうしないと60歳で辞めさせられない。

小西　59歳で，何らかの明確な解雇事由が発生したということですよね。そこで解雇しなかったんなら，定年まで待てたんだったら，その後も雇えるでしょうと。

森戸　そう言われたときに，なかなか反論は難しい気がするんですよね。解雇できるかどうかというのは，要は解雇権濫用法理だから非常に柔軟な融通無碍なルールなわけです。なかなか判断は難しいかなと。今みたいな事情は労働者側だったら当然主張すると思いますよね。だって60歳まで解雇されてないんですよ，と。会社としては，いや60歳までぎりぎり待ってあげたんですよ，って，もしホントだとしても言いづらいところがある。

小西　そうですね。でもそうなってくると，本当に定年の延長と変わらなくなってくるのかも。

森戸　実質はそうなのかもしれません。

## ▼ 再雇用後の労働条件低下は？

森戸　ただ，希望者全員再雇用ですが，高年法上は，再雇用なんて労働条件は下げてもいいという前提です。極端な話，最低賃金でもだめとは言いませんと。働く場所だって，別に必ず同じ場所じゃなきゃいけないということはないし，子会社とか関連会社での再雇用のオファーでもよいということになっています。だから，東京で今までやっていた仕事と全然違う仕事で，かつ遠くの，たとえば沖縄の支店で，かつ給料もものすごい下がりますというオファーでも，法律上の高年齢者雇用確保措置とはみなしうるんじゃないか。

小西　それは本当にいいんでしょうか。限界はないんですか？

森戸　もちろん，実際には再雇用するつもりもなくて，まさに嫌がらせのために，「どうせ，こんなしょぼいオファーしたら，自分から辞めるって言い出すだろ」という悪質な，何の実態もない申出だったら，それはそもそも高年法上の要件を満たさないといえそうです。不法行為にもなるでしょう。でもそうじゃなくて本当に沖縄支店に仕事があるんだったら，高年法上違法ではないのでは？

小西　でも最近の裁判例（トヨタ自動車ほか事件・名古屋高判平成28・9・28労判1146号22頁，九州惣菜事件・福岡高判平成29・9・7労判1167号49頁）は，それよりもう少し踏み込んでますよね？　九州惣菜事件は，定年後再雇用の局面で「極めて不合理であって，労働者である高年齢者の希望・期待に著しく反し，到底受け入れ難いような労働条件を提示する行為」は，高年齢者雇用確保措置の合理的運用により65歳までの安定的雇用を享受できるという法的保護に値する利益を侵害するので不法行為になるとしています。高年法の趣旨に反すると。

森戸　トヨタは上告せず，九州惣菜は上告不受理で確定したらしいの

て無視はできないか（笑）。まあ公序違反になる余地が全くないとは言わないですけど，高年法の趣旨は本当にそうなのか，そこまで読めるのかなという疑問が1つ。あとは，下手にしょぼい再雇用のオファーすると公序違反だって言われちゃうから，それならもう最初から何もオファーしない，ってならないかなと。

小西　なるほど，それは高年法違反かもしれないけど公序違反とは言われないかもですね。

森戸　素朴な疑問として，もともとたとえばレベル80の仕事をしてる人に，そんなによくないレベル30の仕事をオファーするのはけしからん，公序違反だって言うなら，最初からレベル30の仕事をしてる人の立場はどうなるの？　って思わない？

小西　そういうとらえ方も可能かもしれませんね。先ほど出たように，子会社や関連会社での再雇用でもいいってなってることとの関係からも。この点，九州惣菜事件は，定年後再雇用制度は「定年の前後における労働条件の継続性・連続性が一定程度，確保されることが前提ないし原則となる」とも言っています。

森戸　高年法の趣旨をそうとらえるかどうかなんだろうね。そうするとますます，実質は定年延長に近づいてくるわけだ。

### ▼　とりあえずなんとか雇用と年金つないだが……

森戸　解釈論もですが，政策論も重要です。今後どうしていったらいいのか。とりあえず今は，雇用と年金のギャップがないようにするためになんとかつないでいる。でも3つの選択肢の中で，趣旨の違うものがごっちゃになっていて，あとは労使に丸投げという状態。さらに年金の支給開始年齢も，もっと上げますか，みたいな話もあるから。

小西　高年齢雇用継続給付っていうのがありますよね。2020年の雇用保険法の改正で，今後縮小されることになりましたが。とにかく今は，60歳定年で再雇用になって賃金が一定割合以上減るとこの給付

が雇用保険から出る。

**森戸**　再雇用後の賃金低下分を補っているわけですね。

**小西**　これって，企業が３つの選択肢のうち，再雇用制度を選択するインセンティブになりますよね。

**森戸**　要は高齢者を安く雇えますよと。だから結局，現行法では９条１項の２号が事実上メインの選択肢に位置づけられちゃっているってことですよね。高年齢雇用継続給付と低い賃金とでなんとか65歳までつなぐのが今の政策だと。でもそれ，ずっと維持していていいんですかね。

**小西**　雇用と年金をつないだことはつないだけれども，再雇用を選択した場合には労働条件が大幅に下がるというのも現実問題としては，やっぱり問題ですし。

**森戸**　立法過程の資料を見ると，今３つの選択肢が並列になっているのは少し妥協の産物みたいなところもある。政府は，基本的には年齢に関わりなく働ける社会を目指すんだ，ということはずっと言ってきている。そんなに正面からはっきりは言ってないけど，年齢に関係なく定年制廃止というのが，将来的にはありうべき方向だということも，ちょいちょい，いろんな公式の文書でもさりげなくほのめかされてます。それが年齢に関わりなく働ける社会だと。ただちょっと時期尚早でもあるし，労働市場の混乱も招くから，とりあえず１つの選択肢にとどめて，ほかの現実的な選択肢も入れとくことにしましょう，みたいなのが今の状況かなと思うんですよね。

**小西**　じゃあ，実はほとんど今は誰も選んでいないけど，第３の選択肢こそがメイン？

**森戸**　でも現場はまだ年齢に基づいた，定年制を中心とした人事管理をやってるわけですけど。

**小西**　日本型の雇用システムというのも少しずつは変わりつつあるんで，新たな政策をとるという可能性も広がってきているかなというふ

うには思っているんですけど。具体的に言うと年齢差別禁止というか。

森戸　1つにはやっぱり，今後公的年金はさらに厳しい。もらえる年齢もさらにもっと先に，という方向が出ている。高齢化が非常に厳しいからしょうがないですよね。本当にもらう年齢を遅くするかどうかは別として，みんなできるだけ健康に長く働いてもらいたいという方向に政策が動いているのは確かだし，動かさざるをえない。じゃあそのときに，どうしていくか。まずは定年延長を促し……みたいな方向が考えられるんですかね。

小西　結局，定年延長ということになると，60歳定年を65歳以降にするということですので。

森戸　今はみんな長生きだから60代とかも全然若いわけじゃない。昔の60代とは違う。それなら終点を60じゃなくて65にして，より長期的に人事管理なり，まさに「働き方改革」をしていけばいいんだと。前に55歳から60歳にしてきたのと同じような対応をしていけばいいじゃん。これは比較的受け入れやすい選択肢ですかね。やっぱり，今まで頑張ってきたのに，60歳になったら急にガクッと賃金とか待遇とかが，年齢を理由に下がるというのは，働くほうにとってあまり気分もよくないんじゃないかな。

小西　そんな65まで働くなんてくたくたになっちゃうよという声も世間にはあるわけですけど。

森戸　でもそれはまさに，65歳までくたくたにならずに働けるように，くたくた度合いを落としていくべき時代なんじゃないですかね。

小西　1つの選択肢として，65歳へ向けての定年延長というのはあるかと思います。受け入れやすさもある。ただ，60歳でも65歳でも，結局どこかがゴールだと決めてしまうのは，本当に人の職業生活のあり方としていいのかなあ。唯一のゴールみたいに強調するのは何かどうなのかなと。

森戸　などとうだうだ話をしていたら，高年法の改正が国会を通った

ようです。企業には 70 歳までの雇用確保努力義務を課す。ただ雇用ではなく起業のサポートなどの創業支援措置でもいい（改正後 10 条の 2）。

小西　まだ本格施行は先ですし，努力義務ですが，ついに 70 歳という数字が政策の表舞台に出てきたんですね。ゴールは伸びた，のかもしれないですけど，ゴールを決めるという手法自体は変わってないってことですね。

## ▼ 年齢差別と引退の自由と

森戸　改正法のまたさらに先の話ですが，将来的には，定年制は年齢差別だということにして，引退する時期はそれぞれが決めることなんですよという形を整えるのがいいんでしょうか。まさに引退の自由の確保。たとえば，65 歳というのは一応「標準的」な引退年齢です，年金がもらえる年齢です，みたいなことにして，しかし別にここでの引退とか退職を強要するわけじゃありません，それぞれ引退の時期を判断してください，とするのがいいのかな。

小西　そうですね。それぞれがどう判断してもそんなに不利がないようにして。

森戸　定年まで勤めないと損だというのはありますからね。定年前に本当は辞めたいけど，定年か定年じゃないかで退職金が全然違うからとか。だけど他方で，何かゴールがない辛さというか，65 歳になったらこういうふうに区切りをつけていくんだという見通し，そういうゴールがあったほうが楽だということはないですか。

小西　楽は楽ですけど，65 歳になると思ったら，実は 70 まで頑張らなきゃいけないということもありうるんじゃないですかね。それだと逆に 65 で疲れ切っちゃうというか。もうそろそろ，そういう考え方を少しずつ変えていかなきゃいけない時期なんてはないかな。ゴールを設定して，それまでだ，というのではなくて。

森戸　確かに，定年年齢の3年ぐらい前から労働者の生産性が落ちるみたいな研究，昔あったわ。「どうせ俺，あと3年ぐらいしかいないから適当にやっちゃおうかな」みたいな。まあわからないでもないですよね。チェックアウトの日にホテルむっちゃ汚して出て行くみたいな。あれ，ちょっと違うか。

小西　（笑）。

森戸　どうせ終わりだから，もうええわ，みたいなね。

小西　そのどうせ終わり感を，これからの世の中，いちばん克服しなきゃいけないのとちゃいますか。

森戸　定年がそれを与えちゃう。それが日本社会を悪くしていると。

小西　年金制度のつくり方にも関わるんじゃないでしょうか。

森戸　65歳支給とかでなくて，加入期間，たとえば加入40年で支給しますとか。あるいは，いつもらい始めてもいいですが，そのもらい始める時期によって金額が増えたり減ったりしますよと。そういう案も実際ありますよね。年金支給開始年齢とか定年とかいうのはもう決めないで，何歳でもらったらいくら，何歳でもらったらこういう計算，定年も何歳で辞めたらこうみたいな，そういう選択肢をいっぱい用意する。あんまり，ここで終わり感みたいなのを，少なくとも政策としては出さない。あなたの老後の生き方は，あなたが決めてくださいと。

小西　年金もそうだし定年も含めててですけども，基本的にニュートラルになるほうがいいのかなという。

森戸　ニュートラルというのは？

小西　特にこの時期からもらうのが得とか損とかいうのではなくて，どの時期でも特に得とか損というのはないっていうことです。

森戸　言い方変えるってのもあるかも。年金も，65歳以上になったらもらえますと。受給可能年齢かな。アメリカもさ，公的年金62歳からもらえるんだけど，標準年齢は65歳とか言っているし。定年の

ほうも，もう定年制という呼び名はやめると。

小西　どんどん雇用も流動化してくるし，20歳から働いて60歳まで働いたら元が取れるというような制度の不合理感というのは，たぶん，今後もっと出てくるんじゃないかなと思うんですよね。

森戸　年功賃金的なもの自体，見直していくのか。まあね，会社が一生あるとは限らないからね。

小西　昔は20歳から60歳までの40年間働いて元は取れる。それを前提としたシステムだった。

森戸　言い換えれば，60歳まで勤めないと損だというシステム。

小西　そういう日本的雇用の見直し，そういう動きが出てきているかなと思うんですよね。

森戸　出口は65歳，とかいうふうに明確な設定はしないで，出口はいろいろありますよ，とぼかしておく。だから自分の働きたい年齢，自分が引退しても大丈夫な年齢まで生き生きと，年齢に関わりなく働いてくださいと。

小西　そのほうが，より良い社会だと。

森戸　年をとるということがそんな感じになってくるよね，みんなね。単に年寄りが自分たちを守ろうとしているだけかな。

小西　俺を65なんかで切るなっていう（笑）。

森戸　でもそれが年齢に関わりなく働ける社会，まさに政府の言っていることそのもの，理想かもしれません。ただ，60歳定年というのは，60歳やから終わりやてという冷たい年齢でもありますけど，他方で，その代わり60歳までは簡単にはクビにせえへんてと。まあしょうもない奴でも60までは何とか雇ったるわという年齢，雇用保障年齢でもあるよね。

小西　はい。

森戸　でもこれがね，人によって出口は違うという仕組みになってくると，今度は当然，その人の能力なり貢献を測らないといけない。会

社側からすれば，これまでは 60 歳になれば「とにかく，オマエはできないからクビだ」と言わずに，「あなたは 60 歳なんて，すみませんけど辞めてください」と言って，しかし事実上解雇できたわけです。それで労働者を入れ替えられる。そういうシステムになっている。つまりは 1 人ひとり解雇通知しなくていいわけですよ。本当は 58 歳で会社に対する貢献が終わっている人もいるかもしれない。本当は 62 歳まで貢献できる人もいたかもしれない。だけどそこはもう割り切って，君は 58 歳でクビだね，君は 62 歳までいけるよ，みたいな人事管理をいちいち個別にやるのは面倒くさいから，60 歳という線を引いて，ハイ 60 歳で全員終わりね，みたいな。

小西　ある意味，シンプルな人事管理を可能にしてたのが定年制なんですね。

森戸　でも，エイジフリーで出口も複数あるよ，人によるよ，という仕組みにしていくとすると，それは企業側からすれば……

小西　大変になりますね。

### ▼ 年齢に関わりなくクビになる？

森戸　年齢に関わりなくクビにしていかなきゃいけない，そういう社会だと。会社としてその負担は増えるし軋轢も増えるかもしれない。「僕は生き生きと 70 歳まで働けるんだ」と思っていたら，「いや 58 でクビね。君はもう会社に貢献しないから」と言われちゃう。でも会社もそう言わざるをえない。言わないと能力のない奴が 70 歳まで居座っちゃうから。そういうのはどうしていったらいいの？

小西　それはもう……

森戸　しゃあない，クビにしたらええねんと？

小西　いや（苦笑）。ある程度受け入れていかざるをえないかなと。現在でも，60 歳まで雇用保障されているという面もあるけれども，一部の人は途中で辞めざるをえないということもあるわけで。

森戸　もちろん，そうです。

小西　これは，有期雇用の無期転換後の状況と近いかなと。これまでは有期雇用だったら，期間が来たら原則としては雇用終了が可能だった。でも無期転換ということになったら，会社は雇用関係を終了させたいと思ったら，解雇を通告しなきゃいけないわけです。

森戸　それはもう，今後の社会における企業側の必要な負担だと。

小西　そうなりつつあるのかなという感じはします。

森戸　まあね。でも，企業側がそういう覚悟を持ってくれないと変わらないでしょうけどね。

小西　アメリカはある意味もうそうなってるんですかね。

森戸　アメリカは年齢差別禁止，定年制違法だから，みんな70とか80まで働いているのかって言うと，そんなこともなくて。

小西　企業年金で操作するんでしょ？

森戸　そうそう。もちろんアメリカだから，当然，解雇もありうるし，年齢で差別しないから60でも65でも働けると思うけど，しかし，今までと同じペースで働いて会社に貢献しなければクビになっちゃうわけですよ。そうすると，それは年をとるとしんどいから，みんなどっかで辞めていくと。そのときに会社は，年齢差別はしちゃいけないけど，でも今辞めたら企業年金において優遇するよとか，そういう早期退職優遇パッケージを提供することはできる。なのでそれによって退職コントロールをするということはしているようです。「自発的な」退職をしてもらいつつ，しかし早期退職を促すと。このぐらいで辞めたほうが得だよというふうに持っていく。あともう1つ重要なのは，アメリカは公的な皆保険の医療保険がないじゃない。

小西　会社に勤めていてもないんですか？

森戸　従業員については，会社が健康保険を買ってくれるんですよ。そうすると労働者の不安の1つは，会社を辞めたら医療保険が自費になっちゃって，ものすごいお金がかかっちゃうよねというのがある。

65歳になればメディケアという国の医療保険があるんだけど。そこで会社は、「今、君は62歳だが、今辞めても65歳までは今の会社と同じ医療保険を使っていいよ」っていう、早期退職のパッケージの中にそれを入れるわけ。それはすごく大きい。だって63歳でクビになっちゃうかもしれないんだから、そうしたら医療保険が自費になっちゃうんだよ。そうじゃなくて、今辞めれば年金も一定の額を保障してくれるし、手厚い医療保険も65歳までつないでくれるし、悪い話じゃないな、って感じで退職コントロールをしているみたいです。だから、アメリカだって年齢に関わりなくいつまでも働ける社会という建前はあるけど、解雇の恐怖には常にさらされ、それから、企業もそれなりのコントロールをして、やっぱり労働者を退職させているんですよね。

**小西** それが現実なんでしょうね。

**森戸** でも日本は、その面倒くさいことを定年制一本でやれちゃってるというのは、ちょっと虫がよすぎるのかもしれない。結局年齢差別禁止の国でもきれい事ばっかりじゃないということでもあるよね。

**小西** アメリカもうまくやってるんですね。やっぱり日本でも、急に原理的に年齢差別はいけないとか言わずに、定年制をどういうふうに良い制度に持っていくかという方向で考えるべきですかね。

**森戸** まずは雇用生活の出口について複数の選択肢を用意するという方向に緩く誘導していく。それがまあありべき方向なのかな。

Closing

▶ 意識高い系若者たちへ

**森戸** やっぱり定年制が日本の雇用において中核をなす重要な仕組みだという現実。これをどうしていくかというのを考えていかなきゃい

けない。もう1つ付け加えるとすれば，定年制は確かに年齢差別かもしれないわけで，それには差別という，人権問題の要素もある。他方で，経済政策，雇用政策でもある。

**小西** 国民みんなが生き生きと快適に長く働けるにはどうしたらいいか，という観点からの経済政策の面もあるわけですよね。

**森戸** つまり，人権施策であり経済政策であると。

**小西** ほかの差別に比べると，この経済政策の面がより重要ですよね。

**森戸** 女性差別とか人種差別について，もちろん経済政策の面がないとは言わないですけどね。とにかく，年齢差別に関しては，経済政策と人権問題と，両面あるという意識は持たなきゃいけない。そして人権問題について言うと，日本は年齢が一定の社会秩序の中に埋め込まれている国ですよね。そうすると，差別だからいけない，と簡単に言うべき問題でもないのかもしれない。

**小西** この問題，若者がゆえに考えられるところもありますよね。関係ないと思ったらあかん。これからまたみんなが年とったときに……

**森戸** 年とるの当たり前やでと。おいちゃんたちもまあまあ若い思ってたら，あっという間に年とってもうたんやでと。

**小西** そうそう（笑）。

**森戸** この間まで若手や言われてたのに，急にベテランとか言われてなんやねんみたいな，そういう話やでと。

**小西** そうそう，そうそう（笑）。

**森戸** それはでもあなたたちにもいずれ来る話ですよと。そして，高齢者の働き方を考えるということは，結局若者から中年から全世代についての雇用のあり方を考えるってことなんですよと。そういう意識を若者に持ってほしいな。自分たちの問題なんだと。

**小西** そうですね。世代間対立している場合じゃないですね。

## ▶ 現場の労使の皆さんへ

**森戸** やっぱり現場は定年制をベースに動いているんだろうなとは思います。定年を軸とする，秩序立った人事管理。でも企業としては，当然にこの年齢が来たらこうなるという人事管理じゃなくて，その人の仕事なり能力に応じた処遇や働き方を作っていくにはどうしたらいいのかを考えるべきでしょうね。それが結局，企業の業績アップにもつながりうるんだ，という先を見据えた動きをしないと。法律がどうこうなる前に，年齢に関わらない働き方を模索していく必要がある。

**小西** 結局，60歳以降の働き方をどうするかという問題だけじゃなくて，それ以前の働き方をどうするかも考えないといけないんですよね。さっきの若者への話と一緒ですけども。

**森戸** 一緒だよね。まさに全世代の労使の問題なんだよね。

**小西** そういう意識を持った上での話合いが必要ですね。

**森戸** 結局全部労使で話し合え！ のような気も……

**小西** （笑）。でも話合い，大事ですよ。

## ▶ 霞が関の皆さんへ

**森戸** もちろん官僚の皆さんにもここまで出たような話を考えてほしいんですけど，もう1つ強調したいのは，実は霞が関がいちばん年齢に基づいた人事管理だっていうこと。国家公務員も60歳定年後の再雇用みたいな再任用制度っていうのがあるんだけど，俸給表上再任用だけ別扱いになってるんだよね。

**小西** 年齢差別ですね。公務員も定年延長の方向ではあるみたいですけど。

**森戸** そもそも再任用で官職が下がるのが通常なんでしょうけど，仮に仕事が変わってなくても俸給は下がることになっている。霞が関の雇い方こそがいちばん終身雇用でかつ硬直的なんじゃない？

小西　そうか。自分たちがそういう感じなのに，民間企業の働き方にいろいろ口を出すというのも。

森戸　そう，民間にばっかりエイジフリーにしろとか，言ってる場合かって思ってる人もいそうだよね。

小西　障害者雇用でもありましたもんね，民間には障害者雇えと言っておきながら自分たちがそもそもちゃんと雇ってなかったという。さらに広げれば，「働き方改革」だってそうかも。民間にいろいろ言う前にまず公務員の働き方はどうなんだ，っていう。

森戸　労働契約法18条の無期転換ルールが本格的に動き出しましたけど，そこで規制されてるいわゆるクーリング，実質有期雇用をずっと更新してるのに形式的に1日だけ間空けてアルバイトを雇うっていうやつ，かつて役所ではよくやってたからね。

小西　役所もいろいろ大変なんでしょうけど，公務員の人事管理自体も見直していくべきなんでしょうね。

森戸　役所でも年齢に関わりなく働けてますか，っていう問いかけだね。あとは何かありますかね。

小西　あとはやっぱり，さっきも話しましたけど，年金をどうするかが大きいんじゃないですかね。

森戸　年金の支給開始年齢が上がったら，否応なくみんな働かなきゃいけなくなると。

小西　今日の話だって，どれもこれも年金制度の改正に対応するためのものですよね？

森戸　企業も否応なく働き方を変えざるをえないと。じゃ長々と喋ってきたけど，結局年金次第ですね，で終わり？

小西　（苦笑）。年金とか，そういった公的保障との関係をどう考えるかが大事ですね。企業年金も含めてですよ。

　シロエビ商事の再雇用制度は，高年法にいう高年齢者雇用確保措置とし
て，一応法的に問題のない形で実施されているものと思われる。子会社や
関連会社の職場になる可能性はあるが，希望者は全員 65 歳までどこかで再
雇用してもらえる。給与が大きく下がる点も，少なくとも高年法違反では
ない。

　もっとも，法的な問題が生じる可能性が全くないわけではない。再雇用
の条件が「極めて不合理」で「到底受け入れ難い」（九州惣菜事件）もので
あれば，不法行為が成立する可能性もある。有期契約での定年後再雇用者
と同様の仕事をしている無期契約の従業員が存在する場合には，パートタ
イム・有期雇用労働法が定める均等・均衡待遇原則違反とならないかのチ
ェックも必要になってくる。さらに将来的には，年齢差別という観点から
の検討も必要であろう。

THEME
05

高齢者雇用 ―

## 「当面の目標は 65 歳定年法制化か」
── 清家篤・日本私立学校振興・共済事業団理事長／慶應義塾学事顧問によるコメント

### 「ルールはきちんと守る日本の使用者」

　日本は今，世界に類を見ない高齢化を経験しています。その中で社会の持続可能性を維持するためには，働く意思と仕事能力のある高齢者の能力を活かすことのできる「生涯現役社会」を実現しなくてはなりません。問題はその実現を阻んでいる仕組みやものの考え方をどう変えていくのかということで，定年退職制度を含む年齢を基準とした雇用制度は，その筆頭に挙げられるものであることは言うまでもありません。

　森戸さんと小西さんのディスカッションはその問題点をあますところなく明快に論じています。ポイントはやはり定年退職制度，そしてそれと一体となった年功賃金制度をどうするか，でしょう。年齢を理由とした強制退職である定年をなくすのか，それとも延長するのか，あるいは定年はそのままで雇用延長するのか，現在の高年齢者雇用安定法にあるオプションのどれを基本にしていくのか，問われることになります。私の現在の考えは，「少なくとも（男性の）厚生年金の支給開始年齢が 65 歳となる 2025 年までには，定年年齢の法定下限年齢を 65 歳にする」ということになります。

　実は高年齢者雇用安定法の 2004 年の改正で，3 つの選択肢を雇用主に認める案となったとき，私は何と中途半端な妥協案か，年金の支給開始年齢にあわせて定年延長で行くべきではないかと浅はかな学者らしいコメントをしたことを覚えています。しかしその後 2006 年に施行されるやいなや，60 歳台前半の就業率は有意に上昇し，これは労使ぎりぎりのところで妥協した法律だったからこそその有効性を示すものと，自分の不明を恥じたものです。当時の特にまだ特例支給の厚生年金の支給開始年齢引上げも始まっていない状況の下で，60 歳台前半の雇用を促進するには，定年は変えずに雇用延長でという選択肢を入れたのは賢明だったし，守れるルールに合意すればきちんと守る日本の使用者の真面目さにも感銘を受けたものです。

## 「できつつある 65 歳定年の流れ」

しかし今や状況は変わってきました。男性についていえば，特例支給の厚生年金の支給開始年齢は 63 歳となっており，2022 年には 64 歳，最終的に 2025 年には 65 歳となります。しかも高齢者の就業促進に関する政策の方向性は，最近ではすでに 65 歳を超えて 70 歳を目指しており，少なくとも 65 歳までは普通に働いて，その後，ちょうど現在の 60 歳台前半のような多様な働き方でさらに 70 歳までの就労，雇用の延長を目指すようになっています。

こうした流れの中で，もともと定年年齢の比較的高かった中小企業だけでなく，日本を代表するような大企業（たとえばサントリーなど）でも定年を 65 歳に延長しています。また人事院は 2018 年の給与勧告にあわせて，公務員の定年の 65 歳への引上げを政府に申し入れています。

65 歳定年への流れはできつつあると見てよいでしょう。問題はそれを可能にするように，年功的な賃金や処遇をどう見直していくかです。賃金を 60 歳あたりで大幅に下げるのでは，現在の雇用延長とあまり変わりませんから，最終的な理想形は，中年期くらいから年功賃金をさらにフラットにして，スムーズに 65 歳まで繋いでいくということではないでしょうか。もちろん賃金は重要な労働条件であり企業にとっても戦略的な人事管理ツールとなるものですから，労使でしっかり話し合って改革を進めてもらいたいと思います。

## 「かつては定年制否定論者でしたけれども……」

ところで私は先に述べた 2004 年の高年齢者雇用安定法改正あたりには，定年退職制度についてかなり原理主義的な否定論者でした。2000 年には定年そのものを止めてはどうかという『定年破壊』（講談社）という本さえ書いたほどです。もしかしたら森戸さんと小西さんは，私にそういった歯切れの良いコメントを期待されたのではないでしょうか。上述のような定年を認めてその延長を提案したり，労使でしっかり話し合って，などといった，甘ったるいコメントにはご不満かもしれません。

しかし人間は成長するものなのです。まず研究者の理論的視点から見れば不十分な妥協に見えても，労使の合意した改革だからこそ着実に進むことを目の当たりにしたという上述の 2006 年以降の出来事からの学びは小さくありません。またその後 8 年ほど大学の経営者となり，以前から経営者のよく言っていた定年退職制度の効用を実感したことの影響もあるかもしれません。

　定年退職制度は，新規学卒一括採用→企業内での能力形成→めったなことで解雇などしない雇用安定→定年による新陳代謝，という個人の人生と企業の人員管理の予測可能性と，それゆえに社会に安定性をもたらす雇用慣行の重要なピースだと，思うようになったのです。かつて日本的雇用制度を正しく高く評価していた老大家に，「先生は時代の流れに逆行していませんか」，などと今思えばまことに的外れのことを申し上げてしまったことなどを，今は深く反省しているところです。

---

せいけ・あつし　　専門は労働経済学。前慶應義塾長。

# ハラスメント
──「嫌なものは嫌！」と

## Case

　モンジャ商事のツキシマ部長は，部内の若手のホープであったはずの
トヨス君の働きぶりがいまいちで，些細なミスも多いことを問題視し，
事あるごとに部長室（と言っても薄い仕切り1枚の向こう側）に呼びつけ
て叱責していた。

「なんでおんなじミス何度もするかなあ。やる気ないの？　あ，もしや
転職すんの？　まあ別に辞めてもらって全然いいんだけどね。てか辞め
なよ！　やる気ないならさっさと消えてよ」
「新入社員以下だよね，もう。それ以下か。いやガンかな。わが社のガ
ン細胞。切除しないと大変よ。お願いだからほかの人に転移しないでほ
しいんだよね，わかってんのかな，イケメンガン細胞くん」

　このような「お説教」はときには1時間以上も続いた。トヨス君の
のらりくらりとした態度に業を煮やし激高したツキシマ部長の怒号が部
内に響き渡ることもあった。トヨス君は体調を崩し，夜もあまり寝られ
なくなってしまった。
　他方でトヨス君は，かねがね女性上司であるツキシマ部長の振る舞い
やファッションが，彼の基準からすれば「エロすぎる」と考え，同期の
シノノメ君ら社内の同僚たちに，時には取引先や出入り業者にまで，事
あるごとに悪口を言ってまわっていた。しょっちゅう叱責されることへ
の「意趣返し」であったのかもしれない。

「ツキシマ部長なんでいつもエロいカッコしてんのかな，露出多すぎで
しょ。ギャルじゃないんだからさ，40 過ぎの部長でしょ？　目のやり
場に困るよね」

「結局部長になったのもさ，露出多い服で迫ってさ，取引先から上司か
ら，その辺のオジサンと寝まくったかららしいよ。もうそういう病気な
のかな」

「すいませんもうウチの部長，フェロモン全開で。気をつけてください
ね，誰彼構わずすぐ食っちゃうらしいんで」

小西　これも男2人で話してたら，性差別もてすけど，「なんやねん」て叩かれそうなテーマですね。

森戸　アメリカで例の「#me too」の事件がいろいろ起きて，日本ではまだまだそう言ってもあんまりないですね，とか言ってたら，数年前になりますけど，某省事務次官の新聞記者へのセクハラ発言みたいのが出てきて。日本もアメリカに負けてないなと。

小西　そこは負けたほうがいいかと……。優越的な立場にある取引先へのセクハラみたいなもんですかね。

森戸　一定の上下関係があるという意味では，まさにハラスメントが起きやすい場面なんじゃないですか。

小西　Case はなかなか過激ですね。

森戸　でも実際にこういう事実が認定された例もあるんですよ。て，ハラスメントがテーマですけど，いわゆるパワハラ防止法ができたりして，社会の雰囲気が変わってきた感じはしますね。やっぱり企業もちゃんとやんないとまずいぞと。

小西　ブランド・イメージに関わると。企業のある意味死活問題になりうる。ようやく少し日本社会も変わらざるをえないみたいな感じになってきたのかな。

森戸　やっぱり社会的に何か事件があるとあれかなあ，こう声をあげやすくなるというのがあるのかもしれません。でもまあ今日は労働法の話なんて，職場でのセクハラ，パワハラ，マタハラというあたりに絞って議論しようかなと思います。

### ▼ セクハラ：対価型と環境型

森戸　まず，セクシュアルハラスメントというのは大きく2類型あるとされていて。

小西　対価型と環境型ですね。

森戸　対価型というのは，まさに対価を要求する。性的な行為と，いわば雇用上の有利な取扱いをすること，あるいは不利な取扱いをしないこととを引き換えにするようなパターンです。まさに上下関係を笠に着たハラスメント，セクハラですよね。

小西　「今日デートしてくれへんのやったら解雇やでー」とかですね。

森戸　なんか関西弁だといまいち切迫感が……。まあいいや，とにかく上の人が下の人に対してそういうことをするのが対価型セクハラ。一方，もうひとつの環境型セクハラは，対価を要求するわけじゃないけれど，性的に不快な環境を作り出してしまうようなセクハラ。いわゆる猥談みたいなのをするというのもあるし，性的な噂を流すなんてのもあります。

小西　あと，ヌードポスターを事務所に貼ってるとか。

森戸　今時ヌードポスター貼ってるオフィスなんかあるんですかね。アダルトビデオメーカーだったらしょうがないかもだけど。

小西　業務上の必要性がありそうですね。

森戸　で，まあそういうセクハラは法的にどう問題になるのか。1つにはもちろん刑事事件になりうるものもある。

小西　はい。強制わいせつとか，肉体的な接触があるようなものですね。

森戸　これはもうセクハラという言葉以前に，犯罪なわけです。次に，民事上損害賠償請求の対象となりうるものもある。

小西　そのルートとしては，不法行為ルートと，債務不履行ルートがありますね。後者は要するに，労働契約上の使用者の義務違反だと。

森戸　職場環境調整義務違反ですね。要するに会社はセクハラが起きないようにする義務があったのに，起きちゃったっていうことは義務違反があったでしょ，ということです。不法行為のほうでも，加害者たるセクハラの行為者だけでなく，会社も使用者責任を負うことがあ

る。

小西　セクハラするような従業員を雇っていた者としての責任ですね。民法715条。ところでさっきの職場環境調整義務違反の債務不履行と不法行為とは，どっちでいくかで違いはあるんでしょうか。

森戸　一言で言うと，そんなに違わない，でいいのかな。実際上両方請求されるしね。

小西　時効の取扱いが違ってましたけど，これは2017年に民法が改正されて揃うことに。

森戸　あとは債務不履行責任の場合は，加害者を特定しなくてもいい場合がありますね。たとえば職場に，誰が貼ったかわからないけど，いっぱいヌードポスターが貼ってあって……

小西　すごい職場ですね（笑）。

森戸　誰が貼ったかわからない。でも，会社がそれを放置してたとすれば。

小西　それは環境型セクハラだし，会社の職場環境調整義務違反ですね。そんなによくある話でもなさそうですけど。

### ▼ 裁判例：福岡セクハラ事件

森戸　代表的な裁判例に，平成初期の福岡セクハラ事件（福岡地判平成4・4・16労判607号6頁）というのがあります。

小西　上司の男性が部下の女性の性的な噂を社内外のあちこちで流して，女性が退職に追い込まれた。

森戸　環境型セクハラ，プラス退職に追い込んだ，ということの違法性が問われました。これがなぜ当時注目されたかというと，触ったとか強制わいせつまがいのことをしたとか，そういう事案は昔からありましたけど……

小西　言動のみの環境型的なセクハラの事案について判決が出て，慰謝料も百何十万円認められたということで，やはり注目が集まったん

ですね。

森戸　ところで労働法界隈では，日産自動車事件とかトヨタ自動車事件とか，会社名で呼びますよね。でもセクハラ事件だけは呼ばないですよね。パワハラもかな。なので昔は地域名を入れていた。福岡セクハラ事件，みたいに。

小西　昔は入っていましたね。金沢セクハラとか，横浜セクハラとか。

森戸　だから，そのうち東京セクハラ事件だらけになって区別つかなくなりますよ，なんて講義でよく冗談言ってたんですけど……

小西　あまり最近は地域名をつけなくなりましたね。もう会社名で，L社事件とか。本当に会社のイニシャルなのかわからないですけど。

森戸　御茶ノ水にあるM大学事件とか？　K西教授が女子学生に……みたいな。

小西　やめてください（笑）。

森戸　で話戻しますけど，福岡セクハラ事件は，もちろん性的な噂を流した加害者が責任を問われ，使用者である会社も責任を問われたのですが，もう1つ重要なのが，後始末の仕方というのかな。事件の収め方いかんでした。

小西　そうでしたね，そういう性的な噂を流されたりしているっていう事件をつかんだ専務が，女性である原告の退職という形でこの事件を解決しようとした。そのことも違法だとされています。

森戸　「男を立ててやらなきゃいかん」みたいなことも言ったという認定もありました。つまり会社は，事件が起きたこと自体もそうだけれども，その事件の解決の仕方によっても責任を問われうるということ。女性差別的発想に基づく事案処理はよくないということですね。

小西　それでセクハラが不法行為とか，債務不履行になったとしたら，損害賠償で得られるのは，基本的には精神的損害に対する慰謝料でしょうか。

森戸　事実上退職に追い込んだというようなことであれば，その逸失

利益に相当するような一定の金額も認められるでしょうけど。

小西　慰謝料の額も，昔よりは上がってきてますよね。いわゆる懲罰的損害賠償ではないから，1000万円とかは聞いたことがないですが，数百万円にはなってきています。

森戸　福岡セクハラ事件で150万円くらいですよね。まあ退職に追い込んでね，損害が重大だってなればはね上がるでしょうし，さらに肉体的接触とかも含んでいれば重くなるでしょう。

小西　PTSDとかへの考慮も最近はありますから，そういうのが認められるとさらに。

森戸　そうですね。でもね，昔アメリカに住んでるときに，アメリカの裁判所を生中継する「Court TV」っていうチャンネルをよく見てたんですけど，大きな弁護士事務所のボスが，秘書か何かへのセクハラを問われていて。少し触るぐらいはあったかもしれないけれども，ものすごく過激な肉体的接触はなかったんですよ。でも使用者たる弁護士事務所の損害賠償額は6億円！ってなって。

小西　それはすごい！　まさに懲罰的損害賠償。

森戸　陪審員の決めた額なんて，その後減額はされてるんだけど。そのときに陪審員にインタビューしてたのを覚えているんですけど，「やっぱり大弁護士事務所には，6億円ぐらい払わせないと痛い思いをさせられないだろう」って言っていたのがすごい印象的でしたね。まさに懲罰的なものなんだなって。

小西　民事と刑事の区別があんまりないんですね，ペナルティを与えなきゃ意味ないと。これを聞いたら日本の使用者はホッとするかな。

### ▼ 均等法上の規定

森戸　じゃあ法律上セクハラを正面から規制している法律があるのか。男女雇用機会均等法（均等法）に11条1項というのがあります。それはセクハラを直接禁止しているわけじゃなく，簡単に言えば先述の

対価型や環境型のセクハラが起きないよう，使用者は措置を講じてください，と要求している。

> （職場における性的な言動に起因する問題に関する雇用管理上の措置等）
> 11条　①　事業主は，職場において行われる性的な言動に対するその雇用する労働者の対応により当該労働者がその労働条件につき不利益を受け，又は当該性的な言動により当該労働者の就業環境が害されることのないよう，当該労働者からの相談に応じ，適切に対応するために必要な体制の整備その他の雇用管理上必要な措置を講じなければならない。

小西　措置義務ですね。これは，行政的な指導等を行うことができるという根拠ということでしょうか。

森戸　基本はそうだと思いますね。私法上何かの義務があるというわけじゃない。具体的に何をすればいいかについては，同条の4項が指針を定めますよとなっていて，その指針（平成18年厚労告第615号，最終改正令和2年厚労告第6号）を見るといろいろ具体的なことが書いてあります。

小西　そうですね。相談窓口を作るとか，セクハラ防止規則を整備するとか，セクハラ委員会を設けるとか，いろいろそういうことをしろと。そういうのをしないと行政的な措置が発動される。

森戸　調査した上で，報告の徴収，助言，指導，勧告，最終的には企業名公表ですね。

小西　これらは，セクハラの民事上の責任の帰趨を考える上ではあんまり関係ないのですかね。

森戸　直接は関係ないのかもしれませんが，おそらく民事損害賠償の訴訟が起きたときに，こういう措置をとっているかどうかということが，その使用者の責任の有無の判断に影響するという，そういう間接的な影響の仕方ということなのではないかなと思います。

小西　そういう意味では，いずれにせよ会社としてはここに定められているような措置をきっちり講じておくことが求められる。セクハラによる損害が発生した場合には，そういう措置をちゃんと講じていれ

ば，免責される可能性も出てくる。

森戸　理論上はそうですね。でもここに書いてあることを全部やっていれば絶対責任を問われないということはおそらくないでしょう。もちろん，全然何もやっていないと，職場環境調整義務を尽くしていましたとか，使用者として従業員の選任・監督はちゃんとやってましたとかいう主張はできないでしょうね。

小西　最低限やっておかねばいけないこと，ということですね。

森戸　あと，もちろん女性が被害者の場合が多いでしょうけど，11条を見てもわかるように，加害者についても被害者についても性別は特定されていない。女性から女性，男性から男性，それから女性から男性へのセクハラもありうる。

小西　そのあたりは先ほどの指針が平成28年に改正されていますけど，そこでも明らかにされています。

---

「事業主が職場における性的な言動に起因する問題に関して雇用管理上講ずべき措置等についての指針」（平成18年厚労告第615号，最終改正令和2年厚労告第6号）　　　　　　　　　　　　　　　　　　　　　〔抜粋〕

---

2　職場におけるセクシュアルハラスメントの内容
　……なお，職場におけるセクシュアルハラスメントには，同性に対するものも含まれるものである。また，被害を受けた者（以下「被害者」という。）の性的指向又は性自認にかかわらず，当該者に対する職場におけるセクシュアルハラスメントも，本指針の対象となるものである。

---

### ▼ 結局何がセクハラなの？

小西　ちょっと脱線なのかもしれないのですけど，どういう場合がセクシュアルハラスメントにあたるのか。たぶん世の中の男性は知りたいと思うのですけれど……

森戸　小西先生としても知りたいということですか。御茶ノ水のセク

ハラ大王として……

小西　いやいや違います（笑），でも気になっているんですよね。

森戸　指針とかに何か具体例があるんだっけ。

小西　ちょっと載っていたりしていますけれども，それはまあ明らかにアウトだよなみたいなものばかりで……。たとえば，男性が女性に対して，「結婚しているの？」と聞くのは，これはセクハラですかね。

森戸　セクハラじゃないと思いますけど。それって「性的な」言動ですかね。

小西　そう，そこなんですよ。性的な言動っていうのが，どこまで含まれるかというところなのですけど。じゃあ「彼氏いるの？」というのはどうですか。

森戸　うーん，それも違うような気がするけどな。むしろプライバシーの侵害という気がします。

小西　でも世間一般では，こういうのを聞くことをセクハラとか呼んでたりしますよね。いかがですか。

森戸　法律は「性的」と言っているからね。ちょっとあえて直接的表現で言いますけど，「今日，彼氏とやったの？」っていうのなら性的な言動ですよね。

小西　そうですね。

森戸　たぶん小西先生はゼミ生に「彼氏いるのか」とかしょっちゅう聞いてるんでしょうけど，それは OK ですよねっていうふうに持っていきたいの？(笑)

小西　そんなことないですけど！

森戸　指針には何か手がかりはないのですか。

小西　性的な内容の発言とは，性的な事実関係を尋ねること，みたいな説明しかないですね。「性的な」の定義はしていない。

森戸　だから「結婚しているの？」「彼氏いるの？」は，別にセーフだとか問題ないとかは言いませんけど，均等法でいうところの「セク

ハラ」ではないのでは。

小西　最近では LGBT の人たちについて，どういうものがセクハラに
あたるのかというのも問題になってきています。あと指針には，先ほ
どのとおり「職場におけるセクシュアルハラスメントには，同性に対
するものも含まれる」とあります。

森戸　性的指向または性自認にかかわらず，指針の対象になると書か
れていますね。ところで性的指向を尋ねるというのはセクハラなんで
すかね。「君，ゲイなの？」っていうのは。

小西　プライバシーには関わりますよね。

森戸　でも「性的な」言動ですか？　もし「君は男性と寝てんの？」
だったら性的言動かなと思うけど。とにかく 1 つはっきりしている
ことは，均等法もセクハラの指針も，やっぱりもともとは，セクハラ
とか性的なことというのは，男女の間にしか起きないことという前提
の時代につくったものだから。

小西　本当は少しほころびが来てるんですかね。セクハラという括り
じゃなくて，もっと広く，ハラスメントとして，全体的にいけないで
しょっていうふうな言い方をしていくほうがいいのかもしれません。

森戸　難しいよね。性別を，「君は男？　女？」って尋ねる必要はあ
んまりないでしょ。でも「あいつゲイらしいよ」という噂を職場に流
すというのは，ハラスメントでしょうけど，ではセクハラなのか。突
き詰めれば，ゲイイコール性的なこと，ととらえるほうがむしろ失礼
というか間違ってるのでは。それは単なる性自認の問題なんてあって，
ゲイイコール男同士でセックスすることしか思いつかない，というの
が，むしろ最大の偏見じゃないのかな。

小西　なるほど。そう考えると，「彼氏いるの？」という発言が，そ
んなにセクハラっぽくないような気もするのは……

森戸　彼氏がいるということは，彼氏と毎日やってるということだね，
という前提で聞いているわけではないのが通常だからでしょうね。

小西　「将来を考えている相手とかいるの？」という意味で聞いていると。

森戸　でもゲイの場合は，なんか勝手に，「ゲイなの，じゃあ男同士でやるんだ，君」ということを事実上含んじゃう感じになるから，「彼氏いるの？」より，セクハラに近い気がしちゃうけど，でも実はそうとらえること自体がけしからんのじゃないか。

小西　難しい微妙な論点ですけど，問題提起すべき点ですね。

森戸　あとは，結局どこまでセクハラかという話でほかに出てくるのは，同じことを言ったりしたりしてもイケメンなら許されるんだろう，みたいヤツですかね。

小西　はいはい，不細工なおじさんやったらそら不快やてみたいな。

森戸　ま，でも，それはそういうもんだよね，しょうがない。ハラスメントなんだから。以上。

小西　終わっちゃった（笑）。ではまたちょっと前にあった某元事務次官の事件的な話に戻りますけど，食事に誘ってただけだったら全然問題ないんですかね。

森戸　そりゃ新聞記者ですから誘いは断りづらいよね。

小西　はい，でもそれはセクハラにはならないと。食事に誘っているだけだから。

森戸　「食事した後ホテルへ行こう」と言ったらセクハラですよね。

小西　それ言ったら，そうでしょうけど。

森戸　「食事行こうよ，へっへっへっ」って言ったら？

小西　それはいやらしさが出てきますね（笑）。

森戸　単に「へっへっへっ」って笑うクセの人かもしれないのに。

小西　セクハラかどうかとかはおいといて，その行為が全体として社会的許容限度を超えていないか，不法行為じゃないのか，で考えればいいのだけれども，均等法とか指針にいう「セクハラ」「性的な言動」にあたるのかという話をし出すと……

森戸　やっかいですね。

## ▼ パワハラ

森戸　次はパワハラです。これに関しては最近，労働施策総合推進法の改正（中小企業を除き 2020 年 4 月施行）で，事業主に対しパワハラ防止義務が課されました。

> （雇用管理上の措置等）
> 30 条の 2　①　事業主は，職場において行われる優越的な関係を背景とした言動であつて，業務上必要かつ相当な範囲を超えたものによりその雇用する労働者の就業環境が害されることのないよう，当該労働者からの相談に応じ，適切に対応するために必要な体制の整備その他の雇用管理上必要な措置を講じなければならない。

小西　基本的には事業主のセクハラ防止に係る均等法の規定と同じ構造ですね。

森戸　法律ができたのは最近ですが，問題自体はすでにだいぶ前から十分深刻です。都道府県労働局への相談でも，パワハラ相談は非常に多い。

小西　厚生労働省もわざわざ「あかるい職場応援団」なんていうウェブサイトを作ってました。だいぶ前から。

森戸　そのサイトでは，職場のパワハラとは，「職場において行われる①優越的な関係を背景とした言動であって，②業務上必要かつ相当な範囲を超えたものにより，③労働者の就業環境が害されるものであり，①から③までの 3 つの要素を全て満たすもの」と定義されていました。

小西　新しい法律上の定義も基本的には同じですね。

森戸　経営側は，何がパワハラかがそもそも不明確だ，なのに措置義務なんて課したら上司が指示や指導を躊躇しちゃって，事業の円滑な運営が妨げられるおそれがある，というような理由で結構強硬に反対してたんですが，時代の波に押し切られました。

小西　確かに不明確さは残っていますけど，さっきから話に出てるように，基準が不明確だとか言い出したらセクハラだってそうですよね。

森戸　ただやっぱりパワハラと言われるものは，無茶ないじめもあるでしょうけれども，そうではなくて，もともとは何か業務上必要な指導であったりする。ミスに対する叱責であり，改善を促す行為から始まることが多い。ただそれも行きすぎるとパワハラになる。

小西　セクハラにはそれはないわけですね。

森戸　仕事上触ることが必要だったんだが触りすぎたとか，仕事上性的な噂を流す必要があったんだが流しすぎた，とかいうことは基本ないですから。で，それはわかるとして，これが解雇の話とつながるのですけど，能力不足による解雇の裁判例では，しばしば，能力がないからというだけで簡単に解雇するな，って言われてますよね。

小西　はい。まずその労働者の能力の改善を図れと。

森戸　つまり，指導とか改善というのは，ある意味使用者の義務なわけです。ところが「解雇されないように，頑張ってこの能力をつけろよ，こういうことをやってみろよ」と改善指導をしすぎたらパワハラですと言われるかもしれない。これって大げさですかね？

小西　いやいや，そのとおりです。なので，中間管理職って大変やなあと。退職勧奨するのもすごいプレッシャー，業務改善を促すようなところでも，相当の配慮をしながら対応しなきゃいけないというので，本当に大変ですし。

森戸　話がちょっと前後しますけど，パワハラももちろんセクハラ同様刑事事件にもなりうるし，民事上はやっぱり不法行為なり職場環境調整義務違反という問題になります。

小西　法的にはやっぱり，業務の適正な範囲を超えているかいないかが問題になるのでしょうね。社会的相当性の逸脱というか。

森戸　より具体的には，例の「あかるい職場応援団」ではパワハラを6類型に分類しています。身体的な攻撃，精神的な攻撃，人間関係か

らの切り離し，過大な要求，過小な要求，個の侵害。今回の労働施策総合推進法の改正にあわせて指針（令和 2 年厚労告第 5 号）も出されたんですけど，そこでも同様の分類をしていますね。

小西　個の侵害のところでは，交際相手についてしつこく聞く，っていうのが例として挙がっています。なるほど，やっぱりセクハラというよりパワハラなんですね。

森戸　三洋電機コンシューマエレクトロニクス事件（広島高松江支判平成 21・5・22 労判 987 号 29 頁）では，中傷発言した従業員を上司が激しく叱責したことの違法性が問われました。それによると，中傷発言があったことを前提としても，面談の際の上司の発言態度や発言内容は，感情的に大きな声を出すなど，注意・指導としてはいささか行きすぎであった。人間性を否定するような不相当な表現を用いての叱責は，従業員に対する注意・指導としては社会通念上許容される範囲を超えており，不法行為を構成する，と。

小西　まさに業務の適正な範囲を超えちゃったんですね。解雇規制との関係では指導して改善しなきゃいけないんだけど……

森戸　さらには，うつ病絡みの裁判例などからすると，上司には部下の状況なり様子をきちんと把握しなさいという一般的な義務もかかってますよね。メンタルをおかしくしてないかちゃんとチェックしろと。でもそういうことを詮索しすぎると……

小西　今度は個の侵害のパワハラですね。結局，労働法的には忖度することが要求されているということですかね。

森戸　関係ないけど，「忖度」って流行語じゃなくてもはや社会に定着した感があるよね。

小西　上司は，部下の様子をいろいろ見ながら，強く言うのではなくて，適切な方法で指導したり様子を聞いたりしないといけない。

森戸　忖度って本来上の人に対してするものなのかもしれないけど，まあでもそうですね。でさ，「もう何してもパワハラとか言われて怖

いから指導しない」「負担重いって言われるとイヤだから軽い仕事しか振らない」ってなると今度は……

小西　無視のパワハラと過小な仕事のパワハラだ。

森戸　こういうのは結局職場の状況にあわせて，労使で議論するしかないですかね。

小西　状況にもよるし，個人的な関係にもよるし。

森戸　もう1つ裁判例を。岡山県貨物運送事件（仙台高判平成26・6・27労判1100号26頁）っていうのがあります。労災の事件ですけど，ここで裁判所が言ったのは，被害者の従業員は新卒社会人ですと。新卒に対しては怒り方にしても仕事の振り方にしても，いろんな配慮が必要ですよ，って言ってます。

小西　でも本当，わからないですね。これ，どこからが個の侵害かとか過小な業務かとか。なんかフィードバックしてもらわないと。

森戸　パワハラだと思ったらボタンをピッと押す。そうすると上司の机に「パワハラです，パワハラです」って機械音声が流れるとか？

小西　「おっと，そうか，そうか。ごめんよ」みたいな（笑）。

森戸　そんなん押せたら苦労しないよ！　誰が押したかわかるんでしょ。

### ▼ マタハラ

森戸　最後はマタハラです。最近よく使われる言葉ですけど，1つ言っておきたいのは，たとえば育児休業をとったら降格されたとか，産前産後休暇をとったら解雇されたとか，そういう差別的取扱い。こういうのも「マタハラ」と呼ばれてると思うんですけど。でも，これは育児・介護休業法（育介法）とか均等法が前から禁止しているんですよ。

小西　そうですね。それに加えて，最近の法改正でそれとは違うタイプのマタハラも法規制の対象となったわけですね。均等法11条の3

と，育介法 25 条。

**森戸**　均等法のは，妊娠・出産等に関する言動によるマタハラ，これ
が起きないように措置を講じろという規定です。育介法のほうは，育
児・介護休業その他の制度を利用したことに対するよろしくない言動
がなされないように措置してね。簡単に言うと，言動による環境型
マタハラも起きないようにすることが，事業主の義務になったという
ことですね。

**小西**　2 つの条文に違いはあるんでしょうか。

**森戸**　ちょっとマニアックなんですが，均等法は妊娠・出産に関する
事由に関する言動なんて，「妊婦は使いづらいんだよね」って言うの
はアウトです。妊娠に関する発言だから。ところが育介法のほうは，
育児休業その他の制度や措置の「利用に関する」言動，となっている。

「利用」が入ってるんですね。これはどういうことかというと，要するに「育児休業なんかとられたら，うちの会社やってけなくなっちゃうんだよね」と言うのはアウトです。

小西　制度の「利用」に関しての文句だから。

森戸　そう。でも，一般論として「育児負担がある労働者は，やっぱり使いづらいよね」って言うのはセーフです。制度の「利用」に関係ないから。

小西　ふーん，なるほど。

森戸　しょうもないといえばしょうもないですけど，一応こういう違いがある。で，まあセクハラ同様，具体的にどうすればよいかは指針（平成28年厚労告第312号および平成21年厚労告第509号，いずれも最終改正令和2年厚労告第6号）がいろいろ定めてると。

小西　そうですね。方針等の明確化および周知啓発。相談に応じ，適切に対応するために必要な体制の整備。ハラスメントへの事後の迅速かつ適切な対応。これらはセクハラと一緒ですね。あとは職場における妊娠・出産等に関するハラスメントの原因や，背景となる要因を解消するための措置等。

森戸　指針には具体例が書いてあるんだけど，いろいろ苦労したあとがみえる部分もあります。さっき言ったように，「育児休業を長々ととられたら困るんだよね」とか言うのはアウトなわけですが，他方で，育児休業とって後で会社に復帰してきたときに，うまく復帰してもらわないとという課題もあるじゃないですか。なので，たとえば，スムーズな復帰のために，「育休はフルにとらずに10か月にして4月に戻ってもらったほうが，会社としては対応しやすいんだけどね」って言うのは，労働者のために言ってあげてるともいえる。

小西　そうか，でもその発言は，育休なんかあんまり長くとるなよ，っていう言動とも言える。そうするとマタハラとしてアウトになりうる。

森戸　でも他方で，早期に復帰したほうが得だよ，っていう情報を与えてあげることの意味はやっぱりある。というわけで指針には，「ただし，労働者の事情やキャリアを考慮して，早期の職場復帰を促すことは制度等の利用が阻害されるものに該当しない」と書いてあって，マタハラから外してるんですが……

小西　うーん，「マタハラじゃないよ，君のキャリアのためだよ」と言えばいいんですかね？　具体例を指針で定めるのもいいですけど，何かその結果どんどん微妙なことになってるっていういい例ですね。細かいことまで定めすぎなんじゃないかなあ。

森戸　ただそもそもマタハラは，セクハラとかと違って微妙なところがありますからね。育児・介護休業とか妊娠・出産って，実際に労働者が物理的に職場を留守にしたり，どうしてもできない仕事が出てきたりと，一定の制限がかかることは事実でしょ。だからといってそれで差別していいわけないのはもちろんですけど，ただそれに関する「言動」に関しては，もちろん明らかにだめなものはあるでしょうけど，あんまり厳しく言いすぎると，それこそより働きやすい職場を作っていくコミュニケーションを阻害しないかなっていうのが，ちょっと心配ですね。

小西　そういう意味では，パワハラとかともちょっと違う難しさがあるかもしれませんね。

### ▼ ハラスメントをなくすには？

森戸　じゃあ今後どうすればいいのか。ハラスメントは結局は予防，起きないようにするのが大事で，もし起きてしまったら，ちゃんと処理しましょうということに尽きるけれど。予防っていうことに関してはどうなんですかね。

小西　それぞれの指針で定められてることをまず基本にして。でも意識改革がより大事でしょうね。事後にきちんと公平に正しく裁くって

いうのももちろんですけど。

森戸　厚労省が「職場のパワーハラスメント対策取組好事例集」というのを出していて，これに何かいいのがあるのかなと思ったんですが……

小西　いい事例載ってましたか。

森戸　まあ，申し訳ないけど正直あんまないんだよね。トップからメッセージを強力に伝える，というのがよく出てくるんだけど。でもそれこそパワハラじゃないかっていう気もするな（笑）。

小西　まあでも，職場の個々人まで正確な情報を浸透させるっていうこと自体，まだまだなかなかできてないので，まずそこからでは。指針でこう定められてて，この場合はアウトだ，セーフだという具体的なイメージを。

森戸　じゃあ，やっぱりそれは研修・啓発，周知ですかね。

小西　知ってるのと知らないのとでまた全然違ってくるし，知ってればじゃあこれはどうなんだっていう疑問点が湧いてきたりとかして，そこで議論が深まるし，認識も深まるかなと思うんですけど。

森戸　そんな法学教師の理想みたいな思考回路をみんなたどってくれるのかな……。あと働き方自体の問題はどうなんですかね。例の某次官の話みたいなのがあると，だから女性が1人で男性には取材に行かないことにするとかって話になるけど，それも何か違うでしょう。

小西　それも違う感じしますね。女性の仕事の幅自体が狭まっちゃう可能性もある。

森戸　逆に差別になっちゃう。方針を決めてちゃんと厳しく，こういうことがあったら厳罰に処するぞということを決めておいて，そういう方針を周知するということはもちろん必要だけど，それとともに，こういうことに気をつけたほうが会社としてもみんなハッピーに働けて，仕事もうまくいくよっていうふうに，サイクルが回んなきゃいけないですよね。そのためには，どうしたらいいんでしょうか。

小西　ハラスメントのない会社ほど効率が良くて満足度も高くて儲かる，という統計データがあればいいですけど。

森戸　厚労省がそういうデータねつ造すればいいのかな？

小西　それはダメです（笑）。

▶ 意識高い系若者たちへ

森戸　一言で言えば「ここを辞めたらもうダメ，と思うな！」ですかね。ハラスメントがあっても何か耐えなきゃいけないみたいな意識が意外に根強い。「若者はすぐ会社辞めちゃう」とか言うけど，他方で何か，辞めたらもうだめなんだみたいな感じで，パワハラもセクハラも我慢しなきゃみたいな感じで思ってる学生も多い。

小西　そんなことはないよ，と。

森戸　もちろんね，会社の中の然るべきところに訴えるとかもあるでしょうけど，そんなおかしいことを我慢してる必要はないわけで。出るところに出て転職をさっさと考えるというのが，いちばん幸せかなというふうに思うんですけど。

小西　社内で状況改善を図るという道も探ってはほしいですけど，確かにそのオプションも意識していいですよね。あとは，今日のまとめみたいになりますが，ハラスメントについての法的ルールの基礎は押さえてほしい。セクハラもパワハラもマタハラも，不法行為や職場環境調整義務違反で民事損害賠償の対象となりうる，というのが基本。

森戸　それに加えて，セクハラ，マタハラ，そして最近の法改正でパワハラについても，企業に対し行政上の一定の措置義務が課されていて，最終的には企業名公表にまでつながりうる。そういうことも知っておいてほしいかな。

THEME 06 ハラスメント —

## ▶ 現場の労使の皆さんへ

森戸　さっきから何度も出てますが，やっぱりハラスメントって，相手方がどう感じるかっていう問題だから，なかなか難しい。

小西　はい。同じことが行われても，誰がやるかで，あるいは誰にやるかで，それがセーフだったりアウトだったりする。

森戸　マタハラのところで言いましたが，妊娠・出産，育児は，実際上仕事に一定の支障は生じさせうる。そこはセクハラ，パワハラとは違う。だから言動なんかにおいて，あんまり細かいことを言いすぎると，かえってコミュニケーションがとれなくなっちゃうんじゃないかなっていう気がしてます。で，ここにこそ労使の出番があって，こういうことは労使でよくコミュニケーションをとって，うちの会社における問題点なり，そういうことを腹を割って話し合う，そういう機会を持ってほしいなと。微妙な事例だからこそ，職場ごとに議論をしておかないとという気がします。上司，部下，女性，男性，いろんな人がいる，そのみんなの認識のある程度のすり合わせみたいなのはやっておかないと。

小西　1対1でやるより，集団で話し合ったほうがいいですね，しかも事前に。

森戸　セクハラもパワハラもそうでしょうけど，こういう問題について事後でなく常にコミュニケーションをとっておくっていうのは，すごい大事な気がしますね。どこまでがパワハラかみたいなものも，やっぱり感覚としてね，やっぱりこういうのはまずいんじゃないかっていうことを議論しておいてほしいし。「それはセクハラじゃないですか」っていうような会話が1往復するぐらいは，むしろあってもいいんじゃないかなと思うんだけど。「ああ，そうなんだ。こういうことは言うべきじゃないんだな」っていうのがわかるほうがいいじゃない。何もコミュニケーションとらないみたいなのはよくないと思う。

小西　何かあんまりこういう規制で萎縮してほしくないですね。全然言われないとわからないっていうのもありますし。ただ，指摘できるような環境を作るっていうことも大切になってきますね。

森戸　もちろん，それがないと話にならない。て，そういう環境ならそもそもハラスメントも起きないのかもだけど……だからそういうのは労使としてお膳立てすべきことなんじゃないんですか，特に労働組合が。

小西　フィードバックの仕組みが重要な気がしますね。

▶ 霞が関の皆さんへ

森戸　今後の政策課題。新たな立法もなされましたし，厚労省もいろいろ頑張ってはいるけど，何かやっぱりちょっと少しね，指針とか親切にいろいろ書き込んだ結果，「こういうのはだめですけど，これならいいですよ」みたいに行ったり来たりしすぎて，結局何なの？　どうすればいいの？　みたいに混乱してるところがあるんじゃないかな。

小西　そもそもハラスメントについて，どこまで行政なり厚労省がコミットしていくのか，ですね。アプローチとしては，もう各種ハラスメントを一緒にして総合的に対処する形での政策みたいなのもあるかもしれない。外国には，ハラスメント法みたいなものがあるところもあって，たとえばイギリスでは，ハラスメントからの保護法，というのが制定されていて，あらゆる類型のハラスメントが規制の対象になっているようです。

森戸　さっき「現場の労使の皆さんへ」のところで言ったことの繰り返しだけど，行政としても「これがセクハラです」「これがマタハラです」みたいな細かい定義を作って，「これはだめです」「これはいいです」みたいなのをあんまりやりすぎないで，むしろそのね，ハラスメント問題に関して，労使のコミュニケーションを促すような枠組みを整備するとか，そういうのを後押ししたほうがよくないですかね。ハ

THEME 06　ハラスメント

*153*

ラミンマークみたいなので。

小西　えっ（笑），それはなんですか??

森戸　ハラスメントちゃんみたいなキャラを作って。

小西　ああ，ハラミン。くるみんをもじってるんですね。焼肉のハラミみたいです（笑）。

森戸　ハラミンマーク。ハラスメント対応措置したらマークもらえるみたいな。

小西　ハラスメントが得意なキャラみたいなイメージしか湧かない……逆効果や（笑）。

森戸　ゆるキャラとかマークが乱立気味なんでそういうのがいいかどうかわかんないけどさ。でもとにかく，そういう何かコミュニケーションを促すような仕組のほうに，重点を置いたほうがいい気がするな。

小西　あんまり細かくなりすぎるよりっていう感じですね。

森戸　そうそう。

---------------------------------------------------- **Answer** --

　ツキシマ部長の叱責はトヨス君のミスに対する業務上必要な指導から始まってはいるが，その言葉遣いや態度，叱責の場所や時間などの面から見て，明らかに業務の適正な範囲を超えたパワハラであると言わざるをえない。トヨス君の体調悪化や精神的なダメージに対して，ツキシマ部長個人の不法行為責任，さらにはモンジャ商事の使用者責任や職場環境調整義務違反が問われうるケースである。

　他方でトヨス君も，パワハラへの「意趣返し」であったとはいえ，ツキシマ部長についての性的な噂を社内外で流布するという環境型セクハラを行ってしまっている（対価型と異なり，環境型セクハラは部下から上司に対してもなされうる）。やはりトヨス君個人としての不法行為責任，モンジャ商事の使用者責任や職場環境調整義務違反の問題となりうる。

さらには，モンジャ商事が上記のようなパワハラや環境型セクハラが発生しないようにするための措置を何も講じていなかったとすれば，労働施策総合推進法および均等法の定める各種の行政上の措置の対象となりうるし，さらにそのことは民事訴訟においてモンジャ商事側に不利に働く事情となるだろう。

## 「セクハラについての意識変化」

　セクハラに関する企業からの依頼は，研修も相談案件も恒常的にあ
ります。特に，相談案件については，被害者が声をあげるケースが増
えてきたと感じます。会社の意識も大きく変化しました。10数年前
だと，加害者はたいてい仕事ができる人で，その人がいなくなるとビ
ジネス上困るので，会社はなんとか加害者をかばう形で解決したいと
いうパターンが残念ながら結構ありました。そんなことではだめです
よ，と言っていたのですが，時代は変わりましたね。今は，セクハラ
はだめだとこれだけ言っているのに，それでもしてしまう人というの
は会社にとってリスクでしかない，どんなに仕事ができる人でもセク
ハラをやるような人は会社にはいらない，という考え方に変わってき
ました。会社のレピュテーションの問題に関わりますしね。大きな変
化だなと，肌身で感じています。

## 「スマイルもおべっかも業務内でのこと」

　相談案件では，業務外での1対1でのやりとりというケースがと
ても多いです。たとえば，男性上司と女性部下との間で，何かのきっ
かけで職場の外で1対1で連絡がつくようになり，プライベートな
話をしたり悩み相談に親身に応じたりしているうちに，じゃあ食事に
でも，というふうにどんどんエスカレートしていく。ところがそのと
きに，2人の意識には大きなギャップがある。女性部下は，上司とは
あくまでも上司と部下の関係でしかないと思っていて，上司と仕事以
外のつきあいをするつもりはない，だけど仕事への影響を考えると上
司からの誘いを無下に断ることもできない，そこで迎合的な態度をと
る。それを見た男性上司は，女性部下は自分に気があるんだ，と舞い
上がってしまう。

　もちろん同意があればセクハラという認定はされないわけですが，
職場で，特に上下関係がある中での同意というのは相当ハードルが高
い。立場が上の人は，上下関係があったら下の人は嫌と言えるわけが

ないことを肝に銘じ，会社でのスマイルは営業スマイルでしかない，多少おべっかを使われてもそれも業務のうち，というくらいの気持ちでいないと，間違いなく悲劇につながると思いますね。

## 「容姿・服装ではなく仕事ぶりをほめよう」

　Talking の中で，イケメンか不細工か，というお話をされていますが，問題はそこではなく信頼関係があるかどうかだと思っています。セクハラの事例ではなくても，たとえば，「おまえ馬鹿だね」と言ったときに，軽口だと受け取られるのか，許せないと受け取られるのか，それはその人との間の信頼関係が大きいと思います。

　ただセクハラの場合は，信頼関係があるからここまでは大丈夫，と思っている送り手側の境界線と，ここまでしか許せない，という受け手側の境界線は，大体一致しません。容姿や服装をほめたりスキンシップをとったりするのは必要なコミュニケーションだと思ってやっていた，と言う男性社員がよくいますが，女性は容姿や服装をほめてほしくて仕事をしているわけではありません。容姿や服装の話題でコミュニケーションをとろうとすること自体間違っていると思います。容姿や服装をほめるくらいなら，仕事ぶりをきちんとほめてほしいですね。

## 「ハラスメント判断のポイントは」

　被害者の気持ちがおさまらないと，結局裁判になりますが，セクハラ事案はすごく難しいですね。裁判例で見ても，客観的に見ても同意があったとはとても思えないのに同意があったと認定されたものもあれば，逆に，明らかに同意があったと思われるのにセクハラと認定されたものもあります。特に後者については，認定されたセクハラが職場の人間関係がベースとなっている以上会社はセクハラについての使用者責任を問われてしまうので，会社としてはやり切れない。セクハラの裁判例は，裁判官の人間性や想像力も試されているように思います。そして，感じ方はやはり男女で違うので，担当が男性裁判官か女性裁判官かということも大きい。セクハラ案件には基本的に女性裁判

官も入れて判断してほしいと思います。

　裁判に関しては、ポイントになるのは人格権の侵害で、セクハラについて言うと均等法の規定よりももっと広く、性的侮辱かどうか、がキーワードです。なぜセクハラが違法行為になるかというと、人格は尊重されなければいけないのにそれが侵害されているということだと思います。依頼者には、必ずしも均等法の定義だけではなくて、裁判例も見て、いわゆるセクシャルな話だけでなく、およそ性的侮辱にあたるような発言はセクハラにあたる、とアドバイスしています。

　パワハラ案件では、業務上の必要性・相当性もポイントになります。2020年6月施行のパワハラ防止法でも「業務上必要かつ相当な範囲を超えたもの」がパワハラの要件の1つとして条文上規定されました。でも、自分の言動が指導なのかハラスメントなのかは判断に悩むケースも多く、線引きが難しいことは間違いない。だから、言われた側もその言動が行きすぎだと感じたら、その言動は行きすぎだ、不快だと、言った側に伝えることは非常に大事です。ただ、パワハラ案件では、実際、言った本人に面と向かって、その言い方は言いすぎだ、とはなかなか言えないと思いますので、そのような場合は、1人で抱え込んでしまうのではなく、ぜひ相談窓口に行って相談してほしいです。

## 「指導も業務にきちんと焦点をあてて」

　改善指導をしすぎるとパワハラになるのかというトークをされていましたが、ちょっと違和感がありました。改善指導の範疇であれば、パワハラと言われる筋合いは全くないと思っています。パワハラと言われる言動には、大きく分けると、言葉だけを見ると普通だけれども、大声でどなったり物を投げたり、といった言い方や態様がひどいというケースと、言葉自体がひどいというケースの2つがあります。言い方や態様、言葉そのものに気をつけつつ、きちんと、注意すべき点を端的に具体的に、毅然と注意している限り、それは業務上必要な注意として認められるはずで、パワハラにはならないでしょう。

　厳しい指導には、そこに至る背景があるわけで、きつく注意されても当然なことをしている人にきつく注意をするのは当たり前です。言

葉や態様だけで判断するのではなく，注意されている人がどんなミスをしたのかを見ていくことも大事です。本来，指導というのは，どこが悪いかを指摘してどう直すかを導くことです。「馬鹿」とか「給与泥棒」という発言は，人格攻撃や人格否定であって，そんな言葉だけ言っても業務のどこを直せばいいかがわからないので，指導ではありません。業務やプロダクトにきちんと焦点をあてて注意する，ということに気をつけてほしいです。

### 「鍵はトップダウンのメッセージと教育」

　職場からハラスメントをなくすには，ハラスメントは許さないというトップからのメッセージがいちばん大事です。トップが，あれくらいならいいんじゃない，昔はあの程度のことはよくあったのになんで最近はハラスメントと騒ぐんだろうね，みたいな話をしてしまうと，ハラスメントはいけないということが下の人には通じず，職場からハラスメントはなくならないと思います。職場からハラスメントをなくすには，トップダウンでメッセージを出さないとだめで，トップの皆さんの意識改革がいちばん大事です。

　あと，教育もとても重要です。セクハラについての意識が変わってきたのも，職場でセクハラが起こらないように防止措置をとることが事業主の均等法上の義務となったことによって，研修などをやってきたことの成果だと思います。教育はすぐに効果が出るものではありませんが，言い続けないと変わらないですし，言い続けていくことが少しずつ未来を変えていくと思います。

いまづ・ゆきこ　　アンダーソン・毛利・友常法律事務所。労働事件，特にハラスメント案件に多数関与。

# 過労死
―― はたらきつかれたね

━━ **Case** ━━━━━━━━━━━━━━━━━━━━━━━━━━

井の頭新聞社会面
「レストラン事業を営むジョージフーズの社員がビルから飛び降り死亡」

井の頭新聞記者「亡くなった社員さんは，会社ではどんな感じでしたか？」

同僚「亡くなる前の3か月間はあるプロジェクトにかかりっきりでした。時間外労働は，ひと月平均で100時間くらいだったんじゃないかな。徹夜の日も何度かあったと思います」

上司「彼が亡くなったことはとても残念に思います。私も，プロジェクトを期限内に完成させるべく，彼が徹夜を含む長時間労働をしていたことは知っています。健康状態も悪そうでしたが，まさか，こんなことになるとは思いもよりませんでした。ですので，彼への対応も特段とっていませんでした。彼の性格ですが，非常な努力家で粘り強く，先輩の注意もよく聞く素直な性格でした。他方で，自ら仕事を抱え込んでやるタイプで，能力を超えて全部自分でしょい込もうとする傾向もあったかと思います」

井の頭新聞記者「息子さんのご家庭での様子をお聞かせいただけますでしょうか」

父「7月頃からは，プロジェクトの仕事があるとかで，帰宅しない日も多くなって，帰宅しても1時間後には再び自宅を出るような状況でした。……亡くなる直前には，たまに顔をあわせても，元気がなく，顔色も悪く，目の焦点も定まっていない感じもありました」

母「……息子の負担を少なくしようと思って，なるべく栄養価の高い朝
　食を用意したり，自宅から最寄駅まで車で送っていったりしたのです
　が……」

## ▼ 過労死に対する事前の予防と事後の救済

小西　今日は，過労死，過労自殺について議論していきたいと思います。最近，過労自殺というと電通の事件が話題になりましたが，電通で問題になるのは 2 件目ですね。何かあります？

森戸　実は，思い切ってここでカミングアウトしますけど……

小西　え，なんですか?!

森戸　大学 4 年のとき，電通に内定もらってたんだよね。

小西　あ，そうですか（笑）。

森戸　仕事なんて電通事件も授業とかで取り上げますけど，実は一言では言えない，いろいろ複雑な思いがあったりします。

小西　僕は，大学院に入って最初のほうでやった判例評釈が電通事件の第 1 事件だったので。

森戸　そうなんだ，じゃあ詳しいじゃない。当時はまだやっつけじゃなく真面目に判例評釈に取り組んでたわけでしょ。

小西　いや今も真面目にやってます！（笑）だから第 1 事件のほうも結構，思い入れがあって。でも第 1 事件は，どのぐらい世間で話題になったかな。法律関係では結構，話題になっていますけど。

森戸　まあ，労働法業界ではね。でも第 2 事件，今度のほうが，社会的には話題になりましたかね。

小西　そうですね。今回，その事件があって，「働き方改革」の方向性というか，長時間労働をなくせということが方向づけられた。こういう大きな事件があった中での，過労死，過労自殺というのを，今日取り上げていくのですが。

森戸　誰か亡くならないと世の中が動かないというのもなんか悲しい話ですね。

小西 そうですね。その辺は，労働安全衛生対策で，ストレスチェックとか設けられていますが，事前に会社がどこまでできるかというのは，なかなか難しいところがあるのかもしれないですね。

　で，今日は，そういうケースについて，労働法が事後的にどう対応しているのか，対応すべきなのかというあたりを見ていきたいなと思っています。

### ▼ 民事損害賠償と過失相殺

小西 で，まず簡単になのですけども，働いている人が亡くなったり事故に遭った場合には，一応労働法的には3つのルートがあります。1つが労働基準法（労基法）上の災害補償。2つ目が労災保険制度。そして3つ目が民事損害賠償というルートです。

森戸 ただ，労基法上の災害補償は実際にはほとんどが労災保険でカバーされているので，あまり問題にならないよね。

小西 そうです。一応，その3つがあるんですが，今日は労災保険制度と損害賠償について見ていこうかなと思います。

森戸 うん。

小西 まず民事損害賠償というルートについてですが，これは普通に民法上の不法行為責任とか，安全配慮義務違反とかで，損害賠償が認められますよね。

森戸 労災事故の発生について，使用者に民事損害賠償の責任があるのだと，不法行為もしくは債務不履行責任があるのだというように訴えるということね。

小西 そうです。この民事損害賠償で，特に問題となったのが電通事件（第1事件）で，最高裁判決まで出て，非常に重要なリーディングケースになっているわけですよね（最判平成12・3・24民集54巻3号1155頁）。この電通事件では最高裁は，結論としては使用者の不法行為責任を認めているのですが，1つ重要かなと思うのが，過労自殺の

ケースて，当該労働者の性格が，損害賠償の額との関係で，どういう場合に考慮されるのかという点です。

森戸　損害っていうのは，過労自殺だから，逸失利益とか，そういうもの？

小西　そうですね。

森戸　慰謝料っていうのはあったのかな，遺族の。

小西　慰謝料も請求されています。

森戸　まあでもメインは逸失利益ですかね。

小西　そうです。

森戸　もし自殺しなかったとしたら，このぐらい稼げたてあろうという金額があって，それが一応決まったと。

小西　はい。

森戸　で，それが結局あれですか，労働者がもともと弱い性格で，自殺しそうな人だったと。普通の人よりすぐ気に病んじゃうようなタイプだったと，すぐ鬱になりそうなタイプだったと。もしそのように言えるのだったら，金額を減らしていいのではないか，という話なのかどうかという話ですね。

小西　はい。電通事件の2審では，真面目で責任感が強かった，鬱病親和性があったとの認定をしています。

森戸　それは何なの，過失相殺？

小西　過失相殺の類推適用です。

森戸　寄与度とは違うのかな。

小西　みたいなものですね。

森戸　高裁では，そういう減額をある程度認めたんだっけ。

小西　高裁では，3割の減額を認めました。

森戸　そうだよね。最高裁が，しかしその減額は罷りならんというふうに言ったんだよね。

小西　うんうん。て，森戸さんがおっしゃったみたいに，最高裁はこ

の件について，今後の民事損害賠償請求を考えるにあたっての重要な判断を示していまして，そこのポイントを読み上げますと，労働者の性格というのは多様だと。で，特定の労働者の性格が同種の業務に従事する労働者の個性の多様さとして通常想定される範囲を外れるものでない限り，そういったことが損害の発生や拡大に寄与したとしても，そのようなことは使用者としては予想すべきものだ，労働者の性格がその範囲を外れるものでない場合には，裁判所はそれを，使用者が賠償すべき額を算定するにあたって斟酌することはできない，と言っているところが，重要なポイントです。

森戸　そうすると，損害の拡大や発生に寄与しうるということは認めているんですかね，最高裁はね。

小西　うん。

森戸　やっぱり，それは強くない，弱い人のほうが自殺しちゃう可能性は高いかもねということは認めているということですかね。

小西　そうですね。

森戸　でも，それを考慮するなと。

小西　通常想定される範囲内であったら，それを考慮することはでき

---

電通事件・最判平成 12・3・24 民集 54 巻 3 号 1155 頁

「身体に対する加害行為を原因とする被害者の損害賠償請求において，裁判所は，……民法 722 条 2 項の過失相殺の規定を類推適用して，損害の発生又は拡大に寄与した被害者の性格等の心因的要因を一定の限度でしんしゃくすることができる……。この趣旨は，労働者の業務の負担が過重であることを原因とする損害賠償請求においても，基本的に同様に解すべきものである。しかしながら，企業等に雇用される労働者の性格が多様のものであることはいうまでもないところ，ある業務に従事する特定の労働者の性格が同種の業務に従事する労働者の個性の多様さとして通常想定される範囲を外れるものでない限り，その性格及びこれに基づく業務遂 ↗

ないと。

森戸　それは予測可能なはずだからということですよね。

小西　そうです。予測可能だからということと，使用者は労働者の性格を考慮して，業務内容等を決定できるということを言っています。

森戸　なるほど，使用者は配置に関して広い裁量を持ってるんだから，労働者の性格も考慮して適材適所で仕事させればいいだろ，ってことですね。て結局，最高裁としては，本件の自殺した人は通常の範囲内に入っていると考えるべきだと。

小西　そうです。

森戸　通常の範囲に入っているか入っていないかというあてはめの部分では，どういう要素から，そう判断しているんですか。

小西　当該労働者の性格というのは，一般の社会人の中ではしばしば見られるものだということと，あとは，上司は当該労働者の性格を彼の業務との関係で積極的に評価していた。この２つですかね。

森戸　なるほど。積極的に評価していたというのは，真面目……

小西　仕事に対して非常な努力家だったと。

森戸　仕事に対してはプラスだという面もあるということですかね。

> ＼　行の態様等が業務の過重負担に起因して当該労働者に生じた損害の発生又は拡大に寄与したとしても，そのような事態は使用者として予想すべきものということができる。しかも，使用者又はこれに代わって労働者に対し業務上の指揮監督を行う者は，各労働者がその従事すべき業務に適するか否かを判断して，その配置先，遂行すべき業務の内容等を定めるのであり，その際に，各労働者の性格をも考慮することができるのである。したがって，労働者の性格が前記の範囲を外れるものでない場合には，裁判所は，業務の負担が過重であることを原因とする損害賠償請求において使用者の賠償すべき額を決定するに当たり，その性格及びこれに基づく業務遂行の態様等を，心因的要因としてしんしゃくすることはできないというべきである。」

小西　うん。で，森戸さんがおっしゃったみたいに，こういう死亡に至るようなケースで，本人の性格が問題なのではないかということがしばしば言われてきていたんですよね。それについて，こういった判断をしているのは大きいと思います。

森戸　やっぱり昔の，それまでの裁判例は，そういうものをある程度考慮していたのですかね。

小西　そういう裁判例もありました。

森戸　電通事件以降は，あまりそれはやっぱり考慮できなくなったのですかね。

小西　うーん。そのあたりはちょっと精査する必要はあるかとは思うのですけれども，労働者側の事情というのはたぶんいろいろあって，ケース・バイ・ケースだと思いますが，性格という面に限っては，この判決が1つルールを定めたと言えると思います。

森戸　うん。使用者側としては，じゃあ，ものすごく予想ができないほどエキセントリックに外れた性格でした，ということが言えればいいわけ？

小西　そうですね。それが言えると，それを斟酌して，使用者の損害

[承前]

　「これを本件について見ると，一郎の性格は，一般の社会人の中にしばしば見られるものの一つであって，一郎の上司である滝口らは，一郎の従事する業務との関係で，その性格を積極的に評価していたというのである。そうすると，一郎の性格は，同種の業務に従事する労働者の個性の多様さとして通常想定される範囲を外れるものであったと認めることはできないから，一審被告の賠償すべき額を決定するに当たり，一郎の前記のような性格及びこれに基づく業務遂行の態様等をしんしゃくすることはできないというべきである。」

賠償額が減額される可能性はありうると。

森戸　通常想定される範囲より，ずっと脆弱な人でしたみたいな？

小西　うん。

森戸　まあでも実際上は，もしこの人ならうちの仕事は無理だなと思ったらそもそも雇わないわけでしょう。

小西　いやでも，そういった精神的な疾患にかかっていたというような人を雇うのも，最近では少なくないのではないでしょうか。そういうふうな場合に，どうなるのかというところが，また別のテーマの話，障害者雇用における合理的配慮ですね，これにもつながってきます。

森戸　そういうような疾患というのは，重度の鬱病とか，そういうやつですか。

小西　そうです。それが通常の範囲というものとの関係でどう判断されるのか。

森戸　そうですね。なんかそれはまたちょっと別な問題な気がするね。最高裁は性格のレベルで言っているから，そういう診断がついたような場合にどうかはちょっとわからないかな。

### ▼ 労働者の病状の不申告と過失相殺

小西　うん。て，次の話に少し移りますが，そういう精神的な疾患を労働者が有していた場合に，そのことを労働者が使用者に言わなかった，申告しなかったという場合，一体どうなるのだという問題も。

森戸　それはあれだね，東芝事件（最判平成 26・3・24 労判 1094 号 22 頁）だね。

小西　そうです。森戸さんにはいつも先回りされるな～（笑）。

森戸　当たり前やんけ。だてにロースクールの教師してへんで（笑）。て，あれって自殺じゃないんだっけ。

小西　自殺じゃないです。

森戸　でも労災は労災なんだっけ。

小西　鬱病罹患による休職期間満了後に解雇されたんですけど，解雇後にその鬱病罹患に業務起因性が認められたという事案です。

森戸　東芝の判例はあれでしょ，関係あるところで言えば，要は，そういう自分がメンタルを病んでいるというようなことはプライベートに関わる微妙な情報だから，労働者から申告がちゃんとあるとは限らないと。会社としては申告がなくても，ちゃんと配慮しなさいみたいなことを言っていたんだよね。長時間労働を……

小西　過重な業務をさせているという場合においては，そのあたりも考慮しながらということですね。

森戸　それは事後的というより，むしろ事前の話で，会社としてどうすべきかという話に関わるのでしょうけど。東芝事件の判決が言っていることはまあわからないでもないんですけど，ただ難しいですよね。労働者は言ってこないかもしれないけど，会社のほうは気にしてやれと。「君，ちょっとメンタルを病んでいるよね」と。「そんなことないです」，「いやいやいや，絶対病んでるよね!!」とか畳みかけたらさ，逆にプライバシーの侵害，パワハラで訴えられるんじゃないかな。

小西　そうですね。

森戸　だから，パワハラで訴えられないようにはしなければいけないけど，しかし労働者が言ってこなくても，労働者がメンタルを病んでいるんじゃないか，過労自殺をするかもしれないから配慮しろと言うんでしょ。

小西　はい。特に過重な業務が続いていたことも，背景にはあると思うんですけれども，そういうふうな状況では。

森戸　結構難しいことですよね。そういうパワハラにならずに，言ってこないけど労働者のメンタルをケアしてやれと。まあそれはやっぱり長時間労働を基本的にさせるなということだと言えば，そうかもしれないけどね。

小西　難しいところです。でもまさに，精神的な障害を持っている人

との関係で，損害賠償であったり，労災保険制度で業務上と認められるかというところが，今後の大きい課題になってくるかなというふうに思っていて。たとえば東芝事件も電通事件もそのカテゴリーに入ってくると思いますが，精神的な疾患なり脆弱性とか心因的要因を持っている人が，長時間働いて，その結果，死亡に至ったというふうな場合に，損害賠償の場合だったら過失相殺の類推適用が可能かという問題だったり，労災保険制度だったら，そういうふうな場合も支給されるかという問題だったり。かなり奥まったところの問題なんですけど。

**森戸**　過失相殺ということは，使用者の責任があることは前提でしょ。だけど，そもそも使用者の責任があるのかというところにも行きつくじゃないですか。自殺したのは仕事のせいではなくて精神疾患のせいだと。

**小西**　はい。

**森戸**　まあ，精神疾患が仕事が原因なのかどうかという話にもなりますけど，そもそもそういう仕事なんか関係なく病んでいる人だったから自殺しちゃったっていう。

**小西**　そうですね。

**森戸**　だから，それは損害賠償の問題だけじゃないですよね。

**小西**　そうですね。て，このあたりは，労災保険制度の業務上の判断という問題と，民事損害賠償のところの相当因果関係，死亡との間の関係を考えるときに問題になってくるのですが，それが一緒なのか違うのか。

**森戸**　マニアックだな。

**小西**　マニアックですかね。

**森戸**　まあじゃあ，労災保険の話もこのあたりで触れておきましょう。

## ▼ 労災保険と認定基準

**小西**　はい。まず，労災保険給付を受給できるかどうかというのは，

THEME
07

過労死 ─

171

労働者災害補償保険法（労災保険法）の言葉で言うと，「業務上の負傷，疾病，障害又は死亡」と言えるかどうかで決まります（7条1項1号）。

森戸　その前にそもそもですけれども，労災保険というのは国がやっている社会保険なんですよね。で，使用者が保険料を払っていると。

小西　うん。

森戸　で，労災は業務上の災害があったら国が労働者にお金を出してくれるという仕組みですね。

小西　そういう仕組みです。

森戸　で，それが出るか出ないかの要件は，業務上の仕事による業務上の災害かどうかということだと。そこが問題になるわけですね。

小西　そうですね。

森戸　過労死，過労自殺であれば，それは業務上の仕事で死んだのか，自殺したのか，それともそうではないのか。いつも，これがもめる，というか問題になるわけですね。

小西　そうです。で，労災保険給付が下りるかどうかについては，使用者に責任があるかどうかは問題にならなくて，業務上の負傷，疾病，障害または死亡と言えるかどうかということだけが問題になるわけですけども，業務上ということが，過労死，過労自殺の場合に言えるのかという点が問題になってきます。

森戸　なんて問題になるんですかね。

小西　まず，過労自殺については，自殺をするというのは当該労働者の故意によるものではないのかという点です。

森戸　自ら死を選んでいますからね。

小西　そうです。実際，労災保険法にも労働者が故意によって災害を発生させた場合には労災保険給付を支払わないことができるという条文が置かれています（12条の2の2）。それとの関係がまずどうなのかという点が，1つ問題にはなりますが，この点はすでに大体クリアされていて……

森戸　「自分で死んだのに労災とはこれ如何に」ということですけど，結局，自殺に至ったのが，まあ大体自殺するときというのは鬱病で，自殺念慮によるわけで，その鬱病が業務によるのであれば，それはなお業務起因性があるというふうに考えるということですかね。

小西　そうですね。

森戸　行政解釈も裁判例も，そういう考えですよね。そこは一応クリアしているのかな。

小西　はい。自殺を思いとどまるような状態ではなかったと言えると，そこはクリアされるということなんですね。あとは今の話とも関係するのですが，長時間働いたことと，死亡との関係というのが，なかなか目に見えにくいというか，わかりにくい。

森戸　それは自殺というよりは過労死のほう？

小西　まあ，過労死もそうですし，過労自殺も，両方ともそうですね。

森戸　結局は長時間労働で自殺したのか，鬱病になったのかというのが，はっきりしないということですか。

小西　そうですね。その他の，たとえば本人の身体の状態とか，精神的な状態というようなところも，人それぞれ，多くの人がいろいろな事情を抱えていると思うのですけども，一体どういう場合に業務上と言えるのかとの判断が難しいということですね。

森戸　あれだよね。過労死のほう，いわゆる典型的な脳・心臓疾患，脳梗塞とかは，いろいろな原因で発生しうると。加齢もあるし，喫煙もあるし飲酒もあるし，さまざまな要因でなりうる病気で，別に過労じゃない人でも突然倒れることもあると。だから，いろいろな因果関係がありうるから，業務が原因かどうかはなかなか判断しづらいという問題があるわけですよね。

小西　そうです。

森戸　まあだから鬱病も同じですかね。仕事でしか鬱にならないわけではないし，いろいろほかのプライベートなこととか，もともとのそ

れこそ性格的な理由で鬱病になりやすい人もいるから，さまざまな原因がありうるということですかね。

**小西**　そうなんです。こんなふうに，業務上と言えるかどうかが問題となる中で，厚生労働省は認定基準を出しています（精神障害については，「心理的負荷による精神障害の認定について」〔平成 23 年 12 月 26 日基発 1226 第 1 号〕。脳・心臓疾患等については，「脳血管疾患及び虚血性心疾患等（負傷に起因するものを除く。）の認定基準について」〔平成 13 年 12 月 12 日基発第 1063 号〕）。精神障害の認定基準については，2019 年にパワハラ対策が法制化されたことを受けて，現在，厚労省内で検討されています。

**森戸**　これはあくまで行政解釈なわけですよね。別に法的な拘束力があるわけではない。役所が勝手に作っているんですよね。

**小西**　はい。そのとおりです。なので，行政が認定基準に従って業務上でないと判断したとしても，裁判所はその結果や認定基準に拘束されずに，法律の条文に従って業務上と言えるかどうかを判断するというのが，基本的な考えになります。

**森戸**　でも，労基署はその基準で判断するから，非常に重要なんですよね。

**小西**　はい，重要ですし，裁判所も認定基準に拘束されるわけではないんですけれども，多くの裁判例は認定基準を参照しながら，業務上かどうかの判断をしているというのが実際のところです。

**森戸**　それはどういう基準なのですか。

**小西**　たとえば，脳・心臓疾患の場合においては，発症前 1 か月間におおむね 100 時間または発症前 2 か月間ないし 6 か月間にわたって 1 か月あたりおおむね 80 時間を超える時間外労働が認められる場合には，業務と発症との関連性が強いと評価できると。業務上と認められるためにはこの関連性が「強」と評価されるということが基本的に必要であって，一般的に過労死ラインとされる 100 時間とか 80 時

間は，ここのところをとらえて言われています。精神障害の場合には，発病直前の3か月間連続して1か月あたりおおむね100時間以上の時間外労働を行った場合には，「強」となります。

**森戸** それだけで決まるわけではないけれども，ということですかね。

**小西** そうですね。

**森戸** それは結局，毎日何時間の残業っていう感じですか。

**小西** 月に20日働いているんだったら，4時間から5時間。

**森戸** 一応土日は休んでいて，毎日4〜5時間の残業をしたら，80時間とか100時間近くいくわけか。なんかそんな人いっぱいいそうな気がするね。

**小西** そうですね。森戸さんは超えますか？

**森戸** いや全然，だって朝9時から仕事してないもん。あ，まあでもね，夜。研究者はね，それは時間は長いときはありますよね。結局夜中にならないと進まないみたいな。たまに3時ぐらいにメールとか打つとさ，「3時にメールが来ましたけど，大丈夫ですか」とか心配してくれる人がよくいるんだけど，その代わり朝は10時まで寝ているっていうね。

**小西** もしくはそれよりも長く寝ているかもしれない（笑）。

**森戸** そう。だから，それはある意味では重要なことですよね。必ずしも夜遅くに仕事をするから過労死するとも限らない。ところで80時間っていうのは，所定時間外の労働なんですか。

**小西** 所定外でなく，法定時間外労働ですね。

**森戸** 裁判例の中に，確かに残業は80時間，100時間あったが，業務起因性はない，としたような判決はあるんですか。

**小西** 探してみたらないことはなかったですけど，ほとんどなかったですね。

**森戸** まあ過労自殺，過労死というような問題が起きて，大体見る判例というのは，業務起因性が認定されたもので，それで長時間労働を

していましたねというのが多いですよね。

**小西**　はい。

**森戸**　逆にじゃあ，残業が 80 時間，100 時間にはいっていないから労災じゃない，という判決もあるわけですか。

**小西**　それはあります。ただ，80 時間にいっていないようなケースでも業務起因性を認めているのもあります。たとえば，海外出張が大変だったとか認定して，業務起因性を認めたものがあります。

**森戸**　それもあるけど，でもやっぱり 80 時間とか 100 時間というのを……

**小西**　裁判所は 1 つの考慮要素にはしている。これに拘束されるわけではないけれども，ということですね。

**森戸**　みんな 80 時間を超えたら急に過労死しやすくなるとかいうわけではないよなとわかりつつ，基準もないからある程度目安として使わざるをえない，やっぱり。

**小西**　これも細かすぎるかもしれませんが，厚労省の報告書（「脳・心臓疾患の認定基準に関する専門検討会報告書」〔2001 年〕）によると，睡眠時間を 5 時間，6 時間確保できているかどうかというところがなんか重要で，そこから逆算して，80 時間とか 100 時間というのが出ているようです。

**森戸**　ああ，そういうことなんだ。要するに，もし残業を 80 時間，100 時間していたら，毎日 12 時ぐらいに帰っちゃうかもしれないと。そうすると睡眠時間が 5 時間ぐらいになっちゃう。それは危険だよと，いうこと？

**小西**　そうですね。

**森戸**　じゃあ，別に 80 時間，100 時間働いた人と業務上災害との因果関係から出ている数字じゃないんですね。それはちょっと興味深いな。なんて 80 時間か，100 時間かというね。ただ他方で，土日は休めている前提ですよね。これは。

小西　そうですね。

森戸　土日でゆっくり休養するというのも大きいでしょうしね。

小西　間の休養はやっぱり大事ですよね。「働き方改革」でも，先ほどの森戸さんの働き方じゃないですが，翌日の労働との間に一定時間の休息を確保させるいわゆるインターバル規制に関する法改正がなされましたよね。まだ努力義務ですが（労働時間設定改善特別措置法 2 条 1 項）。

Closing

### ▶ 意識高い系若者たちへ

小西　災害が発生した，病気が生じたというときには，1 つ労災保険制度の仕組みと，あとは損害賠償請求という仕組みがありますよと。あと細かいことを言えば労基法上の災害補償。

森戸　で労災保険給付と損害賠償請求の 2 つについて，調整はあるけど両方請求が可能ですよ，というのは大事な情報かもね。あとは，勤め先の社長が「うちは労災に入ってないよ」なんて言ってたとしても，実は会社が入ってなくても業務上の災害なら国から給付が出るんですよ，ということは大事かなって思うんだよね。

小西　実際上，学生さんが知っておくべき情報，という観点からはそうですね。

森戸　それから，バイトでも出るんだよ，と。バイトでけがしたとかいっても，正社員じゃないから労災出ないよ，とか，申請できないよ，とかそういうことじゃないんだよと。当たり前だけど，意外とやっぱりそういうふうに思ってる人もいるからさ。そういうのは学生には伝えたいな。

小西　はい。そうですよね。あと，議論したこととの関係で言うと，

THEME 07

過労死 ―

*177*

厚労省が過労死認定基準みたいなのを出してますけれども，これに裁判所は拘束されるわけではありませんが，実務的には非常に重要な基準なので，こういうふうな基準がありますよということを押さえておいてくださいと。あと，なかなか難しいけれど，自分の身体は自分で守る。長時間労働という問題については，病気になったら元も子もないので。

**森戸**　まあね。労災認定されてお金もらえるよ，よかったね，という話じゃなくてね。

**小西**　はい。そのときになっても気づかないじゃないですか。自分が働きすぎとか，病気にかかってるとか。

**森戸**　だからね，本来は，だからこそ法律が強制的に基準を作ったりしてるんですけどね。過労死とか労働時間規制とかはね。

**小西**　はい。事前にこういう情報を知っておいた上で自分の状態をチェックする習慣というのは必要かなと思いますね。

**森戸**　いつまでも若いと思うなよ，という話か（笑）。

▶ 現場の労使の皆さんへ

**小西**　労使の皆さんにてすが，今回過労死が起こってしまったときの補償の話をしてきましたが，労使にとってはまず何よりも過労死というものを生じさせない，その仕組み，態勢を作れるかというところが重要かなと思いますね。

**森戸**　みんなが入っている立派な労働組合があって過労死が出るなんて，恥ずかしくないですか，ある意味。もちろんね，防ぎきれないものもあるでしょうけど。でも労働時間とかに関しては……

**小西**　労働組合のあるところでも，三六協定にハンコ押してるっていう側面もある。

**森戸**　だよね。だからそれは恥ずかしいと。会社の責任ももちろん追及しなきゃいけないけど，それは何のための組合だと。そこはちょっ

と恥ずかしいと思ったほうがいいんじゃないの。過労死が長時間労働で出ちゃう，みたいな。そんなんだったら組合なんかいらないよ。せめて組合費だけでも節約したら？　って思うわ。おっ。ここ，結構強気だな。「小西」の発言にしよう。

小西　（笑）。

森戸　まあいいですよ，「森戸」でも。でもほんとそうだよね。労働組合ってやっぱりそういう存在意義がなきゃいけないじゃない。ちょっとね，発想をぜひ変えてほしいよね。

小西　「働き方改革」で労基法でも労働時間の上限規制が設けられましたしね。

森戸　次に使用者に対して。やっぱり，過労死はもちろんよくないことですけど，世間的なインパクトも変わってきたよね。過労死といわれるような事案が出たときの社会的評判とか，マイナスイメージ。電通事件が典型ですよね。これはもうちょっと認識したほうがいい。労使とも認識すべきですよね。モーレツサラリーマンで会社のために殉職して，みたいな美談にはもう誰もとらえてくれないですよっていうことをよく認識したほうがいいよね。

小西　あとこれは使用者に対してですけど，個々の労働者の状況を見ながら配慮するっていうことも求められるようになってきますね。

森戸　まさに東芝事件ですね。

小西　はい。なかなかこれも大変。

森戸　個別に状況をちゃんと把握しなさいと。まあ働き方も多様化してるからね。

▶　霞が関の皆さんへ

小西　霞が関の皆さんに対しては何よりも，過労死を生じさせない仕組みというのを総合的に作っていくと。健康と雇用，それからその他，先ほどおっしゃったようなプライバシーとかその他の事情というのを，

どう組み合わせていくか。

**森戸** これも労使の話になっちゃうかもしれないけど，労働者が自分の状況を会社側に伝えやすく，言いたくないことは言わなくていいけども，伝えても不利がない，伝えても大丈夫なんだよって思ってもらうことが大事だよね。そのためには何なんですかね。

**小西** 健康情報とかの管理システムを共有するというところがあるかもしれませんが，プライバシーの問題がありますね。

**森戸** 労働者が言ってくればいいけど。自発的に労働者が自分の状況なりを言ってくれるような仕組みって，難しいよね。ある意味，これからは職務中心で，家族主義的な経営とかじゃなくて，独立した個としてやっていきましょうっていう話と矛盾するよね。労働者は自分の状況をちゃんと会社に伝えなさい，ってそれってどんだけ家族主義なんだ，みたいな。大いなる矛盾。働き方が多様化して，個として独立した労働者たれみたいな空気の中で，でも会社には労働者の状況をちゃんと個別に把握しろって要求するんだから。すごい難しいよね。どうすればいいのかな？　やっぱり突き詰めると，すべての問題がそうですけど，使用者が管理するとかじゃなくて，労働者が自発的に動けるシステムにしなきゃいけないと。これもまた労働法の崩壊ですよ。

**小西** スマートウォッチみたいなのをつけるとか。

**森戸** でも会社がそういうふうなのを配ると，つけなきゃいけない，とかいう圧力にもなる。

**小西** 自由というのと健康というのとは両立しない部分があって。

**森戸** お，それええな。健康を守るには自由ではいられないと。全く自由にしてたら健康を害すよと。

**小西** 自由にしてたら，健康を害する可能性もあるし，それを他の人に責任転嫁することはできない。これは自分の生き方とも関係するのかもしれないですね。健康を重視して，管理された生き方を選ぶか。それはそれぞれで，法律上の救済も変わってくるかもしれない。あと

今日はあんまり議論できませんでしたが，労働者もいろんな労働者が
いて，身体障害や精神障害を有している人たちも働いています。そし
て，そうした人の雇用の促進が国レベルで推進されています。こうい
った中で，これらの人たちがけがとか病気とかになった場合の労災保
険とかの取扱いについても考えてほしいですね。これまではこうした
点があんまり意識されてなかったように思います。全体的なまとめと
しては，理論的にはいろいろハードルはあるかもしれないけど，使用
者へのフォーカスというよりも労働者にフォーカスを当てた制度の仕
組みも考え始める時期にきているのでないか……。そんな感じですか
ね。

---------------------------------------------------------- **Answer** -- -

　民事損害賠償については，徹夜を含む長時間労働と鬱病罹患（本件ケース
において鬱病罹患は認められると考えられる）による自殺との間には，相当因
果関係が認められる。また，上司も，恒常的に著しく長時間にわたり業務
に従事していることおよび健康状態が悪化していることを認識しながら，
その負担を軽減するための措置を採らなかったことに過失が認められる。
したがって，遺族の会社に対する損害賠償請求は認められる。また，故人
に真面目な性格は認められるが，それは，同種の業務に従事する労働者の
個性の多様さとして通常想定される範囲を外れるものでないので，賠償額
を決定するにあたって，故人の性格は斟酌されない。
　労災保険給付については，認定基準を超える長時間労働をしているこ
とから遺族補償給付が認められることになろう。

### 某大企業産業医 C 氏によるコメント

#### 「社員の健康が健全な経営の土台」

　会社の組織としては，健康と経営を結びつける「健康経営」という取組みをやっています。うちの会社では過労死の事案は起きていませんし，直接的に過労死予防のために，ということではないのかもしれないのですが，社員の健康管理に力を入れて，社員の健康状態をボトムアップして，それを生産性向上と会社の利益につなげていく，健康であることが健全な経営につながっていく。そういう考え方の取組みです。

　その中の 1 つとして，ストレスチェックやセミナーなどのメンタルヘルス対策を行っています。ストレスチェックは，2016 年以降の毎年の結果を見ると，高ストレス者の数はそれほど変化がない一方で，面談を申し込む人が少しずつ増えてきています。このことは，面談を受けてもいいんだなと受け止める人が増えてきていることの現れかな，と感じています。

　ほかにも，「働き方改革」の流れもあって，時間外労働を減らすための対策を考えていたりと，国の指針をきちんと守った上で，むしろそれ以上のことに取り組んでいる会社なのかなと思っています。

　常勤産業医は 6 名いますが，その中に精神科医もいます。常勤の精神科医がいる会社はあんまりないのではないでしょうか。そういった点でも社員へのサポートが相当手厚い会社だと思います。

#### 「産業医は会社の中の"ホームドクター"」

　私の日々の仕事としては，最初にお話しした「健康経営」の取組みに直接関与するというよりは，医師として健康に不安を抱えたり健康を害したりした人たち，そして治った後に復帰する人たちのケアやサポートをすることが中心です。ただ，原則として産業医は医療行為はしません。治療や投薬，それから，会社に出てこられるようになるまでのいわばリワークのようなところまでは，会社の外の医師やカウンセラーにかかってもらいます。ですから，関わるのは「最初」と「最

後」，つまり，具合が悪いという連絡をもらうと会って話をする，休んだほうがよければ，産業医としての意見書と紹介状を書いて治療に行ってもらう，診断・治療の後よくなって会社に戻ってくるときにサポートをする。言ってみれば，ホームドクターみたいなものかもしれません。

　ストレスチェックはまさに「初動」ですね。高ストレスという結果が出て面談を希望する人の中には，もうぎりぎりの状態で，誰かに「休め」と言ってほしい，という人が結構います。そういう人と話して，休んだほうがいい，休みたい，ということになったら，休業してもらって治療してきてもらう，という流れです。ストレスチェックのいいところは，休みづらい，だけど誰かに「休め」と言ってほしい，という人が，安心して休めるようになるところだと思います。「休め」と言ってくれる誰かが，会社の産業医であれば余計，安心感を持てますよね。

　一定基準を超えて時間外労働をしている人との面談というのもあります。うちの会社のこの面談では，本人の健康状態に問題を感じることはあまりありません。どちらかというと，仕事を苦とせず，大きなプロジェクトに邁進している，といった人もいるからなのですが，ただ，もし，人手が足りずやらざるをえなくなって仕方なく長時間労働をしている，という場合だと大変なのかもしれません。そういう意味で，セーフティネットとして必要だと思います。うちの会社では，国が定めていることにはしっかり対応した上で，さらに対象範囲を広げて対策をしています。

### 「復帰は大変なことも……でも冷静・中立に」

　メンタルヘルスに関わる相談は，年々増えてきています。とはいえ，会社が休職期間として規定している年数の間に治らず復職できなくて退職，という人も稀にいますが，大体復帰できていると思います。復帰した人たちは，休職可能日数ぎりぎりの場合は大変だと思いますし，その日数がどうにもならなくて辞めていく人もいますが，それでもそれなりに働いている人もいて，それは人によっていろいろです。

鬱状態あるいは鬱病になったことのある人たちの働き方ですが，会社としても最前線に送り込んで過重労働をさせるということはしません。本人も，自分の病状がわかってくるので，このままではまずいとなったら休みます。過労死や過労自殺に追い込まれるまで過重労働をする，ということはしないしできないと思います。ですから，過労死や過労自殺で主に想定されるのは，もともと健康だった人が自分が鬱だということにも気づけない状態にまでなって過酷な労働に突き進んでしまった結果そうなってしまう，ということなのかなと。もしくは物理的に人手が不足している場合とか。

　復帰の場面では，本人が復帰を希望して，就労可という診断書もあって，ただ会社としては不安が残る，ということもときどきあります。休職前から勤怠状況も悪く職務能力もすぐれていない，復職してもきっと適応できないだろう，という人も中にはいて，就労の可否判断が難しいケースもあります。休職期間が満了となると解雇となる可能性があるからです（悩ましいところです）。とにかく産業医はあくまで中立の立場であって，会社側につく必要も社員側につく必要もなく，復帰できるかどうか，本人がどうなっていくのがよいか，冷静に判断することとしています。


「ためらわず産業医に相談を」

　産業医の仕事をしていて思うのは，産業医に会ったことがないという人が多いということです。産業医は，敷居が高いというのか，近寄りがたいようなのです。本当に悩みがあってつらいとか，セクハラ・パワハラを受けているとか，こんなに働きすぎて具合が悪いとか，なかなか言いに行きづらい。私はそのハードルを下げる努力をしていて，上司に話しにくいことでも，ここだったら話せるんだよ，私にできることだったら何でもやるよ，というスタンスでいるようにしています。そういうふうに仕事をしていることが，自分の状態がわからないまま突き進んでしまって長時間労働の末に過労死や過労自殺，という不幸を防ぐことにもつながるのかな，と思っています。

# 解雇
## ──リストラは突然に

--- **Case** ------------------------------------

　アパレル会社千代田スポーツに勤務するカンダはジンボ部長の部屋に
呼ばれた。

カンダ「部長，なんですか？」

ジンボ「カンダ，申し訳ないがオマエはクビだ」

カンダ「え，そんな突然……。聞いてないですよ。どうしてですか？」

ジンボ「オマエは，スポーツウェアの販促しかやりませんて言うし，そ
　　　の販促を担当して何年にもなるが，競技会への出張にはホイホイ行く
　　　が，選手の応援ばっかりで，売上げを全然伸ばしていないじゃないか。
　　　営業部で最低の成績だぞ」

カンダ「でも最低の成績だったのは昨年度だけじゃないですか。しかも
　　　部長は，営業成績アップのためのアドバイス，全然くれなかったじゃ
　　　ないですか。これまでいろいろアドバイスくれてたら僕ももっと成果
　　　をあげられていますよ」

ジンボ「逆ギレするな。俺は無口なんだ」

カンダ「営業がダメだと評価したんだったら，他の部署に移したらいい
　　　じゃないですか。ロジスティクス部もいいな，と思っていたところな
　　　んですよ」

ジンボ「何言ってんだ。営業で使えないヤツを他の部署で引き取っても
　　　らうなんて，俺のメンツがつぶれるじゃないか。さっさと荷物をまと
　　　めて地元に帰れ」

カンダ「(……やる気にあふれる俺をクビにするなんて許せない，訴え

てやる。でも憧れのサクラさんも転職した今，この会社で働く意味も
ないし，俺もさっさと転職したほうがいいかもな。そういえば物流会
社からの転職オファーもあったし）」

小西　この章では解雇がテーマですが，働いている人にとって解雇されるとお金が稼げなくなってしまって大変だということで，労働法もいろいろと規制を置いています。

森戸　やっぱりいちばん重要なテーマというか，花形テーマですよね。

小西　あと，これまでにも議論されてきたテーマですが，不当解雇がなされた場合の救済のあり方についての議論も，最近また厚労省内でされています。

森戸　やっぱり政策として，もうちょっと解雇をなんとかしろよという課題があるっていうことかね。

小西　そうですね。この不当解雇の場合の効果や救済の方法も重要なテーマなんですが，今回は，解雇の規制の要件の面を中心に見ていきたいと思います。

森戸　わかりました。解雇の効果のところは，この本が売れて第2版が出せるとなったときに議論しましょう。

#### ▼ 解雇規制の概要

小西　それでは解雇の要件面ですが，これは，解雇の手続規制と，どういう場合に解雇できるのかという2つに分けて整理することができます。手続規制については，期間の定めのない労働契約については，民法627条で，2週間の予告期間を置けば可能だというふうに定められています。

　民法はこのように定めていますが，労働基準法（労基法）は20条で30日の解雇予告と，それと同等の手当，2つを組み合わせることはできますが，そういう解雇予告制度を定めています。

> 民法
> （期間の定めのない雇用の解約の申入れ）

627条　①　当事者が雇用の期間を定めなかったときは，各当事者は，いつでも解約の申入れをすることができる。この場合において，雇用は，解約の申入れの日から2週間を経過することによって終了する。

労働基準法
（解雇の予告）
20条　①　使用者は，労働者を解雇しようとする場合においては，少くとも30日前にその予告をしなければならない。30日前に予告をしない使用者は，30日分以上の平均賃金を支払わなければならない。但し，天災事変その他やむを得ない事由のために事業の継続が不可能となつた場合又は労働者の責に帰すべき事由に基いて解雇する場合においては，この限りでない。

森戸　この辺はあまり言うことはない（笑）。

小西　一応，さらっておいていいですかね。

森戸　もちろん。

小西　次に，解雇理由については民法上いつでも特段の理由がなくても解雇することができると定められています（627条）が，労働法がどうコミットしているんだというと，男女雇用機会均等法では，性別を理由に解雇することは禁止されています（6条4号）し，また労基法3条で，信条等を理由として解雇することも禁止されています。また組合への加入を理由とした解雇については，労働組合法7条で禁止されています。このように差別的な解雇を禁止している条文はいくつかありますし，また法律上の権利を行使したことを理由とする解雇も，いくつかの法律で禁止されています。

森戸　差別的な理由の解雇の禁止と，報復的な解雇の禁止は，条文で禁止しているということですかね。

小西　はい。次に，一般的な解雇理由については，裁判例の蓄積の中で解雇権濫用法理が形成されてきて，それが現在，労働契約法（労契法）16条に結実しています。労契法16条は，客観的に合理的な理由を欠き，社会的相当性がないという場合には，当該解雇は権利濫用と

して無効とすると定めています。

> （解雇）
> 16条　解雇は，客観的に合理的な理由を欠き，社会通念上相当である
> と認められない場合は，その権利を濫用したものとして，無効とする。

小西　それで，教科書的には，解雇に合理性が認められる場面として，労働能力や適格性が低下とか喪失した場合，あと労働者が契約義務違反をしたとか，規律違反行為をしたというふうな場合，それと最近はほとんど見かけませんがユニオンショップ協定に基づく解雇が挙げられています。そして整理解雇。この4つの場合というのが一応，解雇の有効性が問題になる4つのケースかなと思います。

森戸　よく教科書とかでて4つとか3つとかに書いてあるから，何か，これを要件みたいに覚えている学生がいるんだけどさ，これはあくまでも「パターン」「場合」ですよね。

小西　そうです。あくまでも，労契法16条の要件を満たすかどうかということが問題になってきます。

森戸　結局，一方では解雇はいつでもできると，理由は問わないとなっているけども，解雇権濫用法理，労契法は，その解雇の実体的な理由をかなり制限しているということですよね。

小西　そうです。

## ▼ ……で，日本の解雇規制は厳しいの？

森戸　て，この話，結局どうなんですかね，日本は解雇が厳しいんですか。

小西　これ，なかなかたぶん評価が分かれるところだと思います。まず，労契法16条は，抽象的な表現でしか書かれてなくて，その判断はケース・バイ・ケースで，予測可能性が高くないという状況を指摘できるかと思います。

　て，また，世間一般的には，日本では解雇はそれほど簡単ではない

という指摘もされているところです。

森戸　他方で，労働政策研究・研修機構の濱口先生とかの調査（労働政策研究・研修機構編『日本の雇用終了――労働局あっせん事例から』〔2012年〕）によればさ，要は大企業のちゃんとした会社とかだと，簡単にクビは切れない，切らない，組合も強いし，みたいな感じだけど，中小零細の現場とかでは，結構あっさり解雇はされたりしている場合もあるみたいで。

小西　そうですね。労契法16条に従って，解雇が有効というふうに判断されるかどうかとはまた別に，実態として中小では比較的あっさりと……

森戸　結構解雇はなされちゃっていると。でも，それは実は裁判にいけば勝てるものだっていうことですかね。

小西　労働者が勝てるケースもあるし，そうでないケースも，ケース・バイ・ケースで判断されると。

森戸　そうすると，日本の解雇は厳しいですかって聞いたら，厳しいとも言え，厳しくないとも言えそう。

小西　うん。

森戸　国際的な比較みたいのはできるんですかね。

小西　OECD が2013年に国際比較をしているのです（The OECD Indicators of Employment Protection Legislation）が，それで言うと日本はそれほど解雇が厳しい国とは位置づけられていません。

森戸　それはしかし，実際の状況を反映しているのかね。

小西　それについては，『解雇規制を問い直す』（有斐閣，2018年）で経済学からは川口大司先生，法学からは山本陽大さんが分析してますのでご覧ください。OECD の比較では，解雇予告期間の長さとか出訴期間の長さとかも全部ひっくるめて解雇のしづらさを判定していますので，日本で言われるところの解雇のしやすさ，しにくさで言われるニュアンスとは違うところもありますが。

森戸　まあ，でもそうやって検証した結果，そんなに日本の解雇規制が厳しすぎるわけではないと。少なくとも，国際的にはそうだという評価もある。つまり，ガチガチに厳しいということはないと。

小西　うん。

森戸　それなのに何か解雇は簡単に日本ではできないよ，とされ，労働法学者もある程度そう思っているし，だから経済は硬直化するし，もっと解雇しやすくしろという議論が出てくるのはどうしてなんですかね。

小西　まず1つは，違法解雇があった場合の救済の点。

森戸　つまり，有効かどうか予測が不可能であり，かつ会社は負けたら結構大変だよと。そういうことから，そこをとらえて，やはり解雇規制が厳しい。だから，解雇はしないほうがいいというようにみんなが思っているということなんですかね，今の日本の社会は。

小西　あとは，実際に解雇を裁判で争った場合，会社が負ける，解雇無効というふうに評価されるケースが多いと。

森戸　裁判になればっていうことですかね。

小西　そうですね。なので，法律で定められている要件はそれほど厳しくないってことなのかもしれませんが，実際に労契法16条が裁判でどう運用されているかっていう点を見ると，解雇するのは難しい，厳しいという評価につながるのかなと思います。

### ▼ 能力不足・成績不良を理由とする解雇

森戸　じゃあちょっと，個々の場合ごとに見ていきますかね。まず，労働能力や適格性の低下・喪失。この場合決して，労働能力が低下しましたということがわかれば，はい解雇OK，というわけではないですよね。

小西　ないですね。過去の裁判例では，重大な能力の低下があり，使用者がそれに対して何らかの手を打ったけれども，なお改善の見込み

がないというような場合に限って，解雇が有効となりうるという判断
がされています。

森戸　改善策を講じずに，はい君は能力がちょっと落ちたね，解雇！
というのはだめ，改善を図れと。それでも改善しないんだったらしょ
うがないねと。

小西　そうですね。今就いている仕事，部署での勤務自体について，
改善を図るということも求められているでしょうし，日本の場合はさ
らに……

森戸　ああ，そうか，ほかの仕事もさせてみろと。

小西　そうですね。

森戸　こっちの仕事では，確かに能力が衰えてきたが，じゃあこっち
の仕事はどうなんだというようなこともやれと。

小西　そうですね。

森戸　それも広い意味での改善矯正策なんですかね。

小西　そうですね。そういうところを含めてみると，日本は解雇規制
が厳しいのではないかという評価にもつながっていくんじゃないかな
って思います。

森戸　確かに判例で取り上げられている事件を見ても，かなりね，本
当に能力が低下したと言えるの，それはどの程度なのと，かつ改善の
見込みはあるんじゃないですか，もうちょっと何か指導の仕方がある
んじゃないですかっていうことは，厳しく見られているよね。

小西　そうですね。

森戸　そういうのは実務上，そんなの厳しすぎるよっていう反発が強
いんですかね。あるいは解雇規制を問い直すにあたっては，そういう
のをもっと緩くしろみたいな議論もあるわけ？

小西　使用者側にはそういう思いはあるかもしれないですけれども，
そこはあまり表立っては言われない。解雇の基準を明確にするという
話はあるかもしれませんが，ただその基準を明確にするということ自

体も，そんな簡単ではないかなっていう気が。

森戸　そこで，職務限定の話につながるんですかね。

小西　そうです。

▼　職務限定契約と解雇

森戸　つまり，さっき言った A の仕事がだめでも B の仕事ができるかどうかをチェックしろみたいなことになるから，じゃあ，いわゆるジョブ型で A の仕事限定ですよという契約にしたら，もう A の仕事ができなくなったらしょうがないねと言って，解雇が結果的にしやすくなるというか，基準が明確になるんじゃないかっていうことですかね。

小西　そうです。そういう方向に人事，労務も動いていくようになるかもしれないですね。

森戸　これはどうなんですか，コニタンとしては。

小西　こういう方向性もあってもいいかなと思いますね。人事権を幅広く認めていって，どこに転勤するのかについても，会社側が大きく裁量を持っていて，その裏側として雇用を保障するというのも，ワーク・ライフ・バランス的にどうなの，雇用保障に偏りすぎているんじゃないのともいえそうなので。

森戸　「コニタン」はスルーか（笑）。その「あってもいい」っていうのは，もちろんそれは契約自由だからいいっていうのはわかるんですけど，だから，すべての会社がそういうジョブ型職務限定契約にしていけばいいけど，たとえばそういう仕組みを導入した会社があったとしてさ，でも多くの会社が職務無限定契約だったらさ，結局労働者はそんなわざわざ解雇しやすいほうなんかに行くか，っていうふうにならないかなと思って。結局従来型の雇用の会社のほうに行っちゃうんじゃないかなと。そこはどうですか。

小西　最近は，転勤するのを嫌がる学生も結構いたりしますよ。

森戸　まあね，確かにいるよね。でも，君はわかっているのと。転勤が嫌だということは，東京で仕事がなくなったら解雇なのだよということまでわかって，転勤を嫌だと言っているのかね。ゼミ生に聞いてみてよ。

小西　聞いておきます。生き方，ライフスタイル自体も，少しずつ変わってきているような気はしますけどね。

森戸　変わってはきているでしょうけどね。で，これは細かい話になるけど，職務限定契約だと，やっぱりもうそれはその仕事がなくなったら解雇してよい，地域限定契約だったら，たとえば名古屋限定契約だったら，名古屋にそのビジネスがなくなったら解雇してよいというふうな判断になるんですかね。

小西　一定の配慮みたいなものが少し必要になることはあると思います。

森戸　それはオファーとして，名古屋にはもう仕事はないけれども，東京へ転勤してみる？　みたいなオファーは。

小西　ありうると思いますし。

森戸　それはしたほうが印象はいいけれども，でも，しなくてもジョブ型契約だから解雇していいと。基準を明確化するっていうのはそういう意図でしょ。まさに，この仕事がなくなったら解雇していいよって明確にしようと。ところが，いや，でも東京に行くかどうかオファーしたほうが信義則上ええ感じやでっていうと，不明確になってくるよね。

小西　確かにそういう側面はありますよね。

森戸　で，今回のトークでは，いわゆる変更解約告知の話はしはんの？

小西　今のあれですよ，たとえば名古屋限定で働いているけれども，東京やったらオファーがあるというのは，まさに変更解約告知と呼ばれているものです。これが使われる可能性というのも広がってくるか

もしれませんね。

森戸　職務限定契約が広がり，解雇基準が今より明確化され，その分，変更解約告知みたいなものも増えてくるんじゃないかと。そうすると，変更解約告知に関する立法の議論とかは昔からあるけど，そういうのも整備せなあかんみたいな。

小西　話にもなってきますよね。

森戸　能力低下のあたりは，そんなんでいいですかね。

## ▼ 義務違反・規律違反行為を理由とする解雇

森戸　義務違反・規律違反行為が問題となった事案の代表として，高知放送事件（最判昭和52・1・31労判268号17頁）。いまだにね，これは重要な判例だよね。まあ面白いし。

小西　面白い判決ですね。ラジオのアナウンサーが2回寝坊，遅刻して，放送事故を起こしたんですが，それでも結論として，最高裁は当該解雇は有効でないと判断しました。

森戸　放送局でね，ラジオの生放送を2回も飛ばすって，相当なもんと言えば相当なもんですけれども。

小西　余談なんですけど，ある労働法の先生が，外国での講演で，日本には，2回寝坊しても解雇されないという判決があるということを，「仏の顔も三度まで」という諺と関連づけてお話しなさってて笑えました。

森戸　外国人も笑ってた？　まあそれはさておき，裁判所って，会社に刃向かうヤツには厳しいけど，高知放送みたいなケースではわりと甘いよね。人の能力をランクづけしたり，評価したりすることはいけない社会なんですかね。能力不足解雇の話とも関わるけど。

小西　そのランクづけする物差しが，まず十分に整っていないっていうのがあるんじゃないですか。

森戸　整っていないから，君は能力がないって言うのはよくないこと。

小西　解雇規制がある中で，それを言う物差し，基準が整っていないのに，そういうことを理由に解雇することはできないと。

森戸　やはりいわゆるメンバーシップ契約的なやつだから，メンバーである以上，これができないとかいうだけで解雇するのはだめで，これができなくてもこっちはできるかもしれないからって，やっていこうと，ファミリーなんだからと。

小西　そういう側面はあるのかもしれない。

森戸　ただし，ファミリーだから，ファミリーに刃向かう奴は厳しく解雇や，懲戒解雇や。

小西　ゴッドファーザーですね（笑）。

森戸　日本の会社はマフィアみたいなものか。でもまあ……

森戸・小西　メンバーシップ契約っていうのは，そういうこと

森戸　だよね。／小西　ですよね。

小西　声が揃いましたね（笑）。

森戸　解雇基準が明確じゃないっていうのは，結局は労働契約の内容が明確じゃない，それがメンバーシップ契約だ，長期雇用だ，っていういつもの話に行き着いたわけか。

### ▼ 整理解雇：人員削減の必要性

小西　あと，解雇理由としてよく問題になるのは整理解雇です。労契法16条は先ほど言ったようにあっさりとした条文なんですけれども，整理解雇については裁判例の蓄積によって4つの要素とか，4つの基準という判断枠組みが固まっているところです。

森戸　昔は「4要件」て言っててさ，厳密に言えば要件ではなくて要素じゃないかみたいな話が出てきて。で，ちょっと前までは「4要素」というだけでけしからん，解雇規制緩和派だ！ みたいな言われ方をした時代があったよね。

小西　「4要素」が出てきたときはそうですね。

森戸　最近は言われなくなったかな。別にええやん要素て，みたいなね。要素派の勝利なのかな。

小西　「4要件」としている教科書もありますが，議論バチバチ感はなくなりましたね。で，話を戻すと，整理解雇の有効性を判断するにあたっては4つの基準があって，まず1つ目の人員削減の必要性。これは一般的に裁判所が厳密に判断すべきでないとしていることですよね。

森戸　まあ，でもね，いろいろあるよね，判決によって，まあまあ踏み込んでいるなというのもあれば，基本は会社の判断を尊重しましょうというのも。よく，倒産必至までは要求しないとか教科書には書かれるけど。

小西　よく言っていますよね。典型的表現ですよね。

森戸　よくあるのは，会社が黒字でも整理解雇できるのかとかさ。判例の今までの傾向を見る限りは，基本できないでしょ。会社が黒字で儲かっていたらなんて解雇するのって感じなのかな，日本だと。どうですか。

小西　最近，戦略的なリストラみたいなことが言われたりしてますよね。

森戸　はいはい。先制的というか，会社が儲かっていないわけではないが，将来に向けて会社をスリムにしていこうみたいなね。でもそういうのは裁判所に行って勝てんのかな。小西説ではどうなんですか。戦略的，戦術的，先制的整理解雇は，イエスかノーでお答えください。

小西　この要素だけで判断するものじゃないでしょう。

森戸　この要素だけで判断するものじゃないけど，でも，4要素って，やっぱり要件じゃないけど，1つひとつが重要で，やっぱり基本的には1個満たしていなかったら厳しいなというものなんでしょ。

小西　うーん，厳しくはなると思いますね。ただ先制的，戦略的であるだけということであれば。でも不振部門の閉鎖などの場合には，人

員削減の必要性が認められるケースもあるのではないでしょうか。

### ▼ 解雇回避努力とは？

**小西** 次に2つ目，解雇回避努力と言われてきた点についてです。人員削減の必要性，人を減らすということが必要だったとしても，解雇という手段で人を減らすというのをなるべく回避しようというのが，この解雇回避努力の内容です。

**森戸** 典型的には配転できるんじゃないかとか。

**小西** 出向とかもそうですし，あとは時間外労働の削減とかも。

**森戸** 時間外労働っていうのは，解雇，整理解雇のためのバッファーという意味もあるということですかね。

**小西** はい。あとは希望退職募集もそうですし，有期雇用労働者の雇止めというのもここに入りうると。

**森戸** 解雇回避努力だから，「解雇」を回避する努力じゃなきゃだめ，と狭くとらえないといけないのか。たとえば変更解約告知みたいに，有期でなら雇えるけど有期になりますか，っていうオファーをする。

**小西** それだと解雇は回避できていないですよね。

**森戸** そう，契約内容の変更，正社員としての契約は終わり。でも雇用維持努力は尽くした，と言ってもいいんじゃないか。

**小西** そうですね。同じような話だと，解雇によるダメージを少なくする，解雇打撃回避努力みたいなのも問題になりえますよね。

**森戸** 解雇の打撃を緩和してあげるために退職金を上乗せしますとか，仕事が見つかるまで転職支援会社に会社が料金を払いますとか。

**小西** 打撃を弱めてあげるのはもちろんいいことでしょうけど，問題はそのような努力なりオファーを解雇の有効性の判断に入れるかどうかですよね。

**森戸** 入れてあげてもいいんだろうなとは思いますけどね。

**小西** こういうふうな形で打撃を回避するというようなところも含め

て考慮要素としている裁判例もありますね。

森戸　少なくとも，考慮しちゃいけないっていうことはないよね。あとよく言われているのは，解雇回避努力の典型例として，配転，希望退職募集，新卒採用停止……などいろいろ言われるけど，別にこれを全部やらなきゃいけないわけじゃなくて，その企業の実情に応じた解雇回避努力を尽くせばいいわけですよね。

小西　そうですよね，はい。でもこの辺も基準が不明確と言えば不明確ですよね。

森戸　あとは，さっきの有期雇用労働者の雇止めですが，日立メディコ事件（最判昭和 61・12・4 労判 486 号 6 頁）によれば，無期雇用正社員の雇用確保を優先し，有期の雇止めを先に検討してもよいと。

小西　無期と有期とではおのずと合理的な差異があると言ってますね。

森戸　それはパートタイム・有期雇用労働法 8 条の問題にはならないのですかね。無期契約との不合理な格差として。

小西　労契法旧 20 条は「労働契約の内容である労働条件」の格差を問題としていたので，日立メディコ事件のような場合も旧 20 条の射程かといわれると難しいような感じがしていましたが，パートタイム・有期雇用労働法 8 条は「待遇」の格差を問題としているので，ケースによっては射程に入ってきたり，その趣旨を及ぼすみたいなことがあるかもしれませんね。

### ▼ 人選の合理性とは？

小西　3 つ目の人選の合理性についてよく言われるのは，責任感とか協調性とかいう基準は抽象的，曖昧でだめ。もっと明確な基準でないといけない。

森戸　そこはすごく興味深いんですけど，人事考課とか昇進・昇格の判断においては，評価者の使用者の裁量が広いとされている。なんて俺より A 君のほうが点数がいいんだ，なんて A 君のほうが昇進した

んだ，俺のほうができるのに，っていうのは通らない。そりゃ不満か
もしれないけど，でも会社がＡ君にいい評価をつけたならしょうが
ないじゃない，それは人事権の裁量の範囲だよ，やむをえないよと。

小西　よっぽど差別的な査定でない限り，人事考課ってそういうもん
でしょって考えられてますね。

森戸　ところが，同じ基準を整理解雇の際の人員整理基準として使う
となると話が違う。人事考課の悪い人から切る，みたいな話だと，裁
判所は基準が曖昧だとだめだ，客観的で明確でないと，って言います
よね。人事考課の評価の公正さみたいなものに踏み込んでくる。整理
解雇だと。そこが面白いなと思って。平常時の人事考課の場面では，
それは会社の裁量ですからしょうがないですね，って判断しているわ
けでしょ。

小西　平常時と非常時とで，労働者の置かれている状況が違うという
ことですかね。やはり打撃の程度が違いますから。昇格・昇進という
地位の上昇の場面と，労働者としての地位そのものを失うっていう場
面とではやはり違いが。

森戸　やっぱり結局は，すべてはこの打撃が大きいから，っていうと
ころが重視されて，いろんな解雇規制の問題が出てきているんですよ
ね。だとすると，１つの方法としては，解雇されることの打撃を少な
くしてあげれば，もうちょっと明確でクリアなルールにできるのかも
しれない。

小西　それは十分あると思います。国の政策も含めて，打撃を少なく
するような仕組みを整えるとかという方向になっていけば。

森戸　あともう１つ思うのは，人事考課の公正さみたいなものにも
裁判所は整理解雇の場面では踏み込んでくる。人選の基準が合理的じ
ゃなきゃいけないとかも言う。でもね，それって，人は人を公正，公
平に選り分けてランクづけしうるという前提に立っているわけでしょ。

小西　そうですね。

森戸　でも，他方で人事考課のときは，人間が人間を評価するなんて，そんな公正に公平になんていうことはできないよ，結局ある程度好き嫌いとか，えこひいきもありうるよ，でもそれもしょうがないでしょ，人が人を評価するってそういうことでしょ，っていう考え方に立っているような気がして。個人的にはそっちのほうが素直だと思ってます。

小西　うーん，どうかな……

森戸　それが解雇のときは，公正な評価をしろみたいなことを言ってくるけど，そんなもん，解雇の場面でも，できないものはできないんじゃないかな。よく半分冗談で学生に言うんですけど，解雇の人選基準でジャンケンっていうのはありえますかっていう。ジャンケン大会して，下から5人は整理解雇と。そんなのひどいって炎上するかもしれないけど，でも，本当の公平って何なんでしょう。くじ引きでもいいですけど。公正な評価なんてどうせ無理なんだから，じゃあ，ジャンケンにしろよと。結構，本気で思ってるんですけど。

小西　ジャンケンの前段階まで選別できているという前提だったら，それも考えられるんじゃないですかね。裁判所に，あるいは社会的に受け入れれるかどうかはともかく。

森戸　アメリカの整理解雇は，100人レイオフって決まったら，これを会社側の基準で選ばせると会社側が気に入らないヤツからクビにしちゃうから，それはよくないということで，組合が俺たちの論理で選ばせろと。その論理は何かというと，シニオリティ（seniority）だと。要は勤続年数が長い人のほうが保護される。短い人から整理解雇になっていく。それが公平だと。こういうのもやっぱり，所詮評価なんてあてにならないんだから俺たちの基準でいいじゃないか，っていうことだと思うんだよね。

小西　それは整理解雇のもう1つの判断要素，手続の相当性とも関わってくるんじゃないですか。合理的な基準というのは，一義的に決められない。てあれば，労使間でよく話し合って，一定の基準を設け

なさい。

森戸　そしたら，みんなの嫌いな奴が選ばれるだけじゃん！

小西　その問題はあるかもしれないですが，でも労使交渉で決めていくというのはあるんじゃないですかね。

森戸　確かに，それは手続の問題にも絡みますね。しかしこうやって整理解雇のルールを全体的に確認してみてわかったけど，4要素それぞれに不明確な部分があって，それがさらに4つ組み合わさっている結果，ますます全体の予測可能性が立たないということになっているんですね。

小西　整理解雇の4要素を条文上に規定して明確性をより強めるという主張がされることもありますが，そうなったとしても，解雇有効かどうかの基準はなお不明確ですね。

森戸　それはもうしょうがないですか。

小西　うーん，しょうがないんじゃないですかね。現在の解雇法理というものを前提に考えるのであれば。

Closing

▶ 意識高い系若者たちへ

森戸　学生の皆さんには，民法の原則としては解雇自由だが，実際は手続的な面でも実体的な面でもいろんな規制がある。特に労契法16条の解雇権濫用法理。このことをまず押さえてもらわないと。

小西　能力低下，規律違反などなど，典型的なケースとされるものはあるけれども，解雇事由がこれらに限定されるわけじゃない。あくまで労契法16条の問題である。それはまずちゃんと理解しておかないといけない。整理解雇についても判断枠組みは大体固まっているけれども，それぞれの要素がどの程度充足されているかっていうことにつ

いては，結局それぞれのケースごとに判断していかなきゃいけない。

森戸　あとは，能力低下を理由とする解雇では，単に能力が低いということだけじゃなくて，その改善を図ったのか，というのが，やっぱり日本のいわゆるメンバーシップ型労働契約の下で重要な判断要素になってるということかな。

小西　それ以前に，やっぱり簡単には解雇できないんだよっていうことを，まず確認してもらったほうがいいのかもですね。そして，一定の判断枠組みはできてるけれども，解雇が本当にできるのかどうかということについては，なかなか予測が立ちづらいような現状にあると。

森戸　て，そういう中で，解雇しやすくするかどうかは別として，もうちょっと解雇の基準を明確化していくべきじゃないかっていうようなことが議論になっている。たとえば職務限定型，ジョブ型労働契約を結ぶというような形で。

小西　職務限定の労働契約の下では，解雇権濫用法理の適用のあり方も変わってくる可能性はあると。

▶ 現場の労使の皆さんへ

小西　大きな問題は，どういう形で整理解雇の問題に対応していくか。使用者側もそうですが，労働者側も。

森戸　使用者側としては，解雇の基準は不明確であるという認識の下で，しかし，まあその中で，解雇をするためって言ったら変ですけど，やっぱり法的紛争になったときのためには，一定の基準に基づいて常に労働者を評価しておかなければいけない，そして適格性がないと思われる者については改善を促しておかないといけないということですかね。

小西　基準を明確化するような人事管理というのが必要になってくる。一定の合理的な評価基準みたいなものを説明できる状況を作らないと。

森戸　そうそう。て，人事考課の局面では使用者の裁量は広くて，評

価は会社が決めるんだからしょうがない，で済むけど，解雇の場面となると，公正か公平かみたいなことを結構突っ込んで問われる。だから結局は，人事考課全般について，一定の合理的説明をできるような仕組みを整備しておかなきゃいけない。

**小西** 使用者側はとにかく何でもちゃんと説明できないといけない。では労働者側はどうか。整理解雇の場面で積極的にコミットする，っていうのは実際上難しいのかもしれないけど，会社が立ち行かないような状況になった場合に，どういうふうな形で人員削減がありうるかということについて，考えておくことは必要なんでしょうね。人選基準とか手続のところとかも含めて。

**森戸** 労働組合も整理解雇ありうべしという前提で，いろいろ考えとけって話？　それ自体ハードルが高いよね。

**小西** はい。でも放ったらかしにしといて本当にいいのかなと思いますけどね。

**森戸** あとは労使として，現在のこの解雇法制を前提に，何をどう考えていくべきなんでしょうね。何だろう，労働者個人としては。

**小西** 先ほど言った学生のところとかなり重なりますかね。

**森戸** 現実に働いている者として，解雇なんかされないように頑張ろうと。

**小西** 能力アップするとか。

**森戸** まあ精神論じゃないけど，真面目に一生懸命働きましょうっていうのはもちろん大前提ですけども，あとはやっぱり，仏の顔も三度まで。

**小西** 基本的に1回か2回のミスで解雇はないよと。そんなに簡単には解雇はされないんだよっていうことはしっかり，働いている者として理解しておいたほうがいいということですかね。

**森戸** あとは労働組合として，職務限定契約みたいなものに，どういう態度をとっていくかということですかね。そういう雇い方をどう評

価するのか。解雇しやすくするための契約形態だな，けしからん，と警戒感を持って対応するのか。それとも現在の労働契約が無限定，メンバーシップ契約であるがゆえに，実は労働者はいろんなものを犠牲にしている。ワーク・ライフ・バランスであったり，職場や職務の選択なり。そういうバランス，トレードオフもあった。そこを今後どういう方向で考えていくのかっていうのを議論するっていうことですかね，労働組合の中で。

**小西** そんな問題になるんですかね，職務限定契約導入って。

**森戸** もし解雇されやすくなるんだよっていうことになったら，雇用を守るのが労働組合の本分だっていう立場からは当然反発もあるんじゃないの。

**小西** うん，まあそうですね。そうすると，労働組合として，会社にずっとしがみつくのだけがいいわけじゃないでしょ，っていう議論をしていけるのかどうかですね。難しそうですが……。

## ▶ 霞が関の皆さんへ

**小西** これについては 2 つ問題があると思っています。1 つは解雇の要件面をどうするかの問題。これが不明確だということで，より明確にできるのかどうかについて検討するということが 1 つです。この点，あまり最近議論されていない感じですが，たとえば整理解雇の基準みたいなのを法定化するということの是非とか。

**森戸** 4 要素を立法化しても今更ですよね，もう事実上法律みたいなもんなんだから。だから条文に書いてもいいかもしれないけど，それで判断基準が明確になるわけでもないよね別に。

**小西** ただまあ，それでも明確化，法律で書くっていうことに一定の意味があるっていう考え方もありますけどね。

**森戸** それが一応要件の面ですね。

**小西** 2 つ目が効果の面。解雇の金銭解決などについてどう考えるか。

森戸　今日はあまり取り上げられなかったけど，現在はどんな議論がなされているんですか？

小西　2018年6月から「解雇無効時の金銭解決制度に係る法技術的論点に関する検討会」というところで議論がなされています。この検討会では，無効な解雇がなされた場合に，労働者の請求によって使用者が労働契約解消金を支払い，それによって労働契約が終了する仕組みが検討されています。基本的な視点は，労働者保護の観点から，紛争解決に係る労働者の選択肢を増やすことと，迅速な紛争解決に向け一回的な解決に向けて検討すること，だそうです。

森戸　現段階では，労働者申立てに限って議論しているということね。

小西　はい。労働者の選択肢を増やすということですし，労働者が地位確認をするというルートも残ることを前提とした議論がされています。

森戸　で，解雇の効果については，霞が関の人たちにどんなことが言えそうですかね。

小西　検討会の議論を詰めてもらうのはもちろんですが，それ以外のところで言うと，解雇がなされた場合の救済という観点からは，雇用保険制度も問題になりうるので，将来的にはこの点も含めて総合的に見ていってほしいと思います。

森戸　退職金制度との関係も問題になるよね。そうすると役所内で担当部署が違うという問題が出てくるんだけど，そこは部署間の連携をとって，全体としていい制度にするにはどうしたらいいか，そういう議論ができるような枠組みでやってほしいね。

小西　使用者による雇用継続，金銭救済，退職金制度，雇用保険，それぞれがどうあるべきか，それぞれの間でどう調整されるか，というだけでなく，もっと根本的に，労働者の生活を保障する仕組みはどう設計できるかという視点も持ってもらえたらな，と思います。

森戸　いろいろお願いしすぎると，厚労省の人，ますます長時間労働

になっちゃうけど，意識はしておいてもらいたいよね。

　ジンボはカンダに対し，勤務成績不良を理由に解雇を通告している。解雇が有効となるためには，客観的に合理的理由があり，社会通念上相当であると認められる必要がある（労契法16条参照）が，これまでの裁判例は，改善の機会を与えたか，著しく労働能率が劣り改善の見込みがないといえたかなどを慎重に判断する傾向にある。こうした裁判例の傾向を前提とすると，千代田スポーツはカンダに改善の機会も与えておらず，カンダの勤務成績も著しく不良で改善の見込みがないとまではいえない。また，千代田スポーツはカンダを他の部署に配転することも拒否したまま解雇している。したがって，カンダに対する解雇は無効となり，カンダによる労働契約上の地位確認請求は認容される。

　現在厚労省内では解雇無効時の金銭救済制度についての議論がなされているが，仮にそのような制度が法定されれば，本件のようなケースで労働契約上の地位確認の代わりに「解消金」のような一定の金銭を請求することが可能となるかもしれない。

「日本型雇用慣行の中での解雇規制」

　お二人の **Talking** を拝見して，解雇規制はやはり日本型雇用慣行と密接に関わっているなと感じました。解雇がなぜ大きな問題になるかというと，金銭的なダメージが大きいからです。大企業だと，解雇されて転職した場合の賃金の下落幅が大きいため，労働者の側も争うインセンティブが高い。一方で中小企業の場合，もともとそれほど高賃金ではないので，解雇されて転職してもそれほど賃金は下がらず，争う必要もない。大企業のように賃金体系が年功序列型になっていると，途中で解雇されたときの金銭的ダメージが大きいわけで，日本型雇用慣行の中で，大企業で年功賃金で働いている人たちをどう保護するかというのが，解雇に関する法的議論のコアになると思います。

　賃金体系の話は職務限定・地域限定の仕事で起こる解雇をどうとらえるかとも関わります。これらの仕事の賃金体系は年功賃金ではなくフラットな賃金体系が多いので，解雇のときも本質的にはトラブルにならないのではないかと思います。ただもちろん，例外的には職務限定・地域限定で働いている方の解雇が争いになるケースもありうるわけで，日本型雇用慣行を前提にしてできあがってきた法規範を，裁判所がそのようなケースにも適用しまうことがありうる。そのため，裁判になったときにどう判断するかを法的にあらかじめ整理しておく必要はあるんだろうとは思います。雇用の形態が多様化し解雇が起こったときに発生するダメージも多様になってきているので，その多様性を受け入れるような余地を残した形で法規範を進歩させる必要があるのではないでしょうか。

「雇用調整の非対称性に着目すると……」

　日本型雇用慣行との関係では，正社員と非正社員とで非対称な部分もありますよね。いったん正社員で雇うと雇用を保障しないといけないので，正社員の採用を控えて，非正社員として雇って契約期間を更新していくということが起こっています。リーマンショックで円高に

なったとき，輸出企業で，非正社員の雇用が減る一方で正社員の雇用はほとんど変わらなかった，という実証分析もあります。このように正社員と非正社員の間で明らかに非対称な調整が行われている。こうした大きな非対称性を考えると，すべての雇用は無期雇用を基本とするけれども，解雇のときには雇用形態の多様性も考慮して一定のルールに従って金銭を補償する，という社会を目指したほうがいいと思います。

## 「金銭解決で予測可能性を」

**Talking** の中で，日本の解雇規制についての OECD の位置づけの話がありましたが，勤続年数が何年の場合何か月分の解決金，という指標があって，日本の場合そうした解決金にあたる部分が全部ないことになっているので，解雇規制が緩いと見られている面があります。

では日本の解雇規制が実際に緩いのかというと解雇の有効性や金銭補償の水準の予測が難しく不確実性が大きいという問題があります。この点を解決するためには金銭解決が有力な方法で，それは必ずしも規制を緩めるということではなく，透明性を高めて，金銭補償の水準について予想がつくような形にしていくということです。賃金カーブのフラット化などによって解決金の水準が下がり，長い目で見ると結果的に規制の緩和という方向になるのかもしれませんが，不確実性を下げるということが，まず重要です。

## 「基準は，ホールドアップが起こるか否か」

金銭解決の補償額をどのように計算するかに話を進めますが，補償額を事前にどの程度厳密に決めておくのが望ましいかを考える必要があります。一般論として，事前にはまだわかっていないことがあるときにルールを決めるのは難しいので，将来いろいろとわかった状態でまた話し合ったほうがいいということは言えて，そのために基本的にはルールはフレキシブルなほうが望ましい。解雇についても，事前にすべて決めておかなければいけないのかというと，グレーにしておいたほうが，事後的に，使用者も労働者も納得できる解決ができる可能

性もある。

　ただそれだけだと，いわゆるホールドアップが起こるおそれがあります。ホールドアップとは，労働者がその企業でしか使えないようなスキルに投資したにもかかわらず，補償なく解雇される可能性があると，労働者もそれを見越して，そもそもそんなスキルには最初から投資しないという状態です。この状態は，企業にとっても労働者にとっても投資が起こったほうが良い状況でも投資が起こらないため，問題です。このホールドアップを防ぐための手段として金銭解決のルールを考えたほうがいい。

　そのため日本型雇用慣行の中で働いている人については，ホールドアップが起こらないように金銭補償の水準を明確化し，逆に，関係特殊的なスキルにコミットしない人については，事前に決めておく必要はないということになるのだと思います。

### 「フレキシビリティを高めて納得性を高める仕組みを」

　ホールドアップを防ぐため，金銭解雇のルールは法規範としてリジッドな部分を残しつつ，その中でフレキシビリティを高めることが求められます。両立させるためには，関数のような考え方を用いることだと思います。関数自体はリジッドなもので，その中で，X が変わればY も変わるという意味でのフレキシブル，ということです。

　関数の中に入れられるものが多くなればなるほど，納得感は高まると思います。ただ問題は，データとして入手できてそれを関数として機能させられるかどうかです。たとえば，金銭解決の金額を決めるにあたってはその企業でしか使えないようなスキルをどの程度持っているのかがカギになりますが，実際の測定は難しいので，企業規模や勤続年数といった容易に観察できる変数を使うことになります。その次のレベルの職務限定・地域限定といった労働契約に関する情報も使えるといいですが，事前にどこまで明らかにしておくかだと思います。社会が変わって，労働契約をもう少し明示していくという基盤が整っていくと，それによって測定可能な要素やデータの幅が広がって，よりきめ細かく解決金の水準を決められるようになり，納得感も高まる，

ということにつながると思います。

かわぐち・だいじ　専門は労働経済学，実証ミクロ経済学。

# 正規・非正規の格差
## —— このやるせないモヤモヤを

=== **Case** ============================================

　都内の私立大学4年生のヤマシナ君は，嘘で固めた就職活動がようやく実を結び，5月の連休明けと同時に待望の内定をなんとかゲットした。大学の単位もほとんど取り終わり，あとは犬でも単位が取れるというウワサの「ラク単」を残すのみとなったヤマシナ君は，卒業旅行の資金を捻出するため，卒業まではひたすら宅配便トラック運転手のアルバイトに精を出すことにした。

ヤマシナ「サガノ，オレさあ，ここ数か月ずっとさ，朝から晩まで，少なくとも週5日は運転してるよね？」

サガノ「基本短期契約のバイトなのに働き方は完全に正社員だよね，ウケるわ！　働きすぎじゃね？」

ヤマシナ「ま，それは自分で好きでやってっからいいんだけどさ，毎日こんだけ，正社員のドライバーさんと全く同じ仕事を同じだけやってんのに，バイトだからってことで正社員より給料が低いのはもちろん，ボーナスは出ないし，通勤手当とか皆勤手当とか，そういうのも全然出ないんだぜ。そこちょっと納得いかないんだよね」

サガノ「でもそんなのしょうがなくね？　だってバイトだぜ，大学生だぜ？　会社にいるのもどうせ卒業までだろ？　他の支店への転勤とかもないよね？　だいたいさあ，正社員と待遇違うことくらいわかってたじゃん，このバイトやる前からさ？」

ヤマシナ「ま，そらそうなんだけどね……」

> Talking

森戸　「働き方改革」絡みの法改正がようやく施行されましたね。中小企業はまだ先ですけど，同一労働同一賃金，同一同一……

小西　これ僕，いつもかぎかっこ付きだと学生に言っているんですけど。

森戸　「同一同一」やてと？

小西　いろんな意味合いを含められるんだぞ，と。

森戸　同一労働同一賃金というのは，本来は，同じ労働をしてるんだから同じ賃金であるべき，同じ待遇をしてあげるべきだ，という意味なんでしょうけど。て，そのいろんな意味合いが入っちゃうからか，最近は均等待遇，均衡待遇なんて言いますね。注目すべき判例も出されて，改正法が 2020 年 4 月から施行されて，というふうに，このテーマはまさに今いろいろ動いている話なんで，過去，現在，未来というふうに整理してみようかと思ってます。渡辺真知子方式ですね。あ，知らん？

小西　「現在，過去～，未来～」。「迷い道」や。ファンだったんですか？

森戸　うん，結構。「かもめが翔んだ日」とかね。今考えたら大仰な歌やね。かもめが翔んだだけやて，みたいな。しょっちゅう翔んでるやんみたいな。なんてそんな大騒ぎすんねん。毎日毎日，2 分おきぐらいに翔んでるっちゅうねん。

小西　怪しい関西弁やめてください（笑）。

### ▼ 過去──格差も「契約自由」

森戸　正規・非正規格差問題って言われ出したのは最近ですけど，昔から非正規労働者はいたわけです。当然格差もあった。ではなんで問題にならなかったのか？

小西　やっぱり昔はそんなには多くなかったんじゃないですか？　社会的ボリュームが小っちゃかったというか。

森戸　確かに，非正規雇用は質量とも増えてます。非正規が比率として無視できない大きさになった。それが1つありますね。もう1つは，非正規は昔もいたけれども，それは主婦だった。本当かどうかは別として，あくまでイメージというか，そういうモデルだったというか。つまり，正社員の旦那さんが大黒柱で，会社で猛烈に働いて家計を支え，奥さんが兼業主婦として家計をちょっと補助する，あるいはお小遣い稼ぎに非正規で働いています，みたいな。だから格差はあって，その奥さんの待遇はよくなかったかもしれない。

小西　でも旦那がしっかり働いているんだから，家庭全体としては大して問題にならない。そういう状況だったと。

森戸　じゃ法的にはどうだったのか。非正規雇用を保護するルールがなかったわけではないです。判例のいわゆる雇止め法理，今は労働契約法（労契法）19条ですね。東芝柳町工場事件（最判昭和49・7・22民集28巻5号927頁）と，日立メディコ事件（最判昭和61・12・4労判486号6頁）。これにより，短期雇用でもそれが反復継続して実質無期契約といえるような場合，あるいはそこまでではなくても契約更新への合理的な期待があるといえるような場合には，一定の範囲で保護する。期間の定めがあるというだけでは雇止めできませんよ，1年契約だから当然に更新のところで自由に切れるわけじゃないですよ，という判例法理はもう昭和の時代からあった。

小西　令和の時代になって昭和ってますますセピア感漂ってきましたね。まあそれはともかく，雇用保障というところでは一定のものはあったわけですね。

森戸　でも契約の内容とか格差そのものについては規制がなくて，基本は契約自由ですよねと。非正規で待遇低いとしても，それはわかってて，これでいいと思って，契約したんだろうと。格差が嫌だったら

契約しなきゃよかったじゃないかと。

小西　まさに市場主義，契約自由ですね。**Case** でサガノ君が言ってるように。

森戸　そんな中で過去を振り返ると，非常に目立つのが丸子警報器事件（長野地上田支判平成8・3・15労判690号32頁）です。有期契約の臨時社員でしたが，仕事は正社員と同じ，労働時間は所定労働時間が15分短かったけど15分残業していた。

小西　結局労働時間は同じ（笑）。いわゆる疑似パートですね。パートと呼ばれているものの，仕事も労働時間も正社員と変わらない。

森戸　でも丸子警報器事件では給料は半分ぐらいでした。ということでまさに同一労働なのにすごく待遇が低いというんて訴訟になったんですけど，裁判所は，理由はちょっとわかりにくいところもあるんですが，結論的には公序良俗違反だとしました。具体的には，正社員の給料の8割までは払えと。当時も非常に注目されましたけど，小西先生としてはどう評価されます？

小西　よく長野地裁上田支部が出したなというのは思います。

森戸　上田支部が出したわけじゃなくて，上田支部の裁判官が出したんですけどね。

小西　わかってます（笑）。

森戸　じゃあどういう意味？　真田幸村の里を馬鹿にしてんの？

小西　してないです（苦笑）。ただ何も実定法上の根拠がないところで公序違反を言ったのはすごいなと。現在議論されているようなところを，ある意味先取りをしているようなところもありますし。

森戸　そうそう。今再評価，みたいな。やっぱりこれはなんとか救わなきゃいけないだろうと思ったんですかね，裁判官としては。全く同じ労働してるのに，賃金半分っておかしいだろ！　って。

小西　学者の中ではいろいろ問題点というか，議論すべき点があると言われていたんですけど，何か考えさせられる判決ではありました。

森戸　同一労働同一賃金を定めるような明確な法的規範が存在しない以上契約自由であるはずなのに，なんて公序違反なんだ，しかもなんて8割まで救済なんだ，とね。ある意味正義に適った判断をしたのかもしれないけど。

小西　日本の年功賃金制との整合性の点も指摘されました。同一労働であっても勤続年数が違えば給料が違うのが年功賃金だとすれば……

森戸　丸子警報器事件の理屈でいけば，年功制も公序違反ってことになっちゃうのかとか。ま，でも他方で，同一労働同一賃金は法規範たりえない，と正面から言った日本郵便逓送事件（大阪地判平成14・5・22労判830号22頁）みたいな判決もありました。結局まとめるならば，丸子警報器事件はやや異質で目立ちますが，基本的には契約自由の時代だった，ということですかね。

## ▼ 現在──環境変化と，立法政策の重視と

森戸　しかし状況が変わってきた。さっきも言いましたが，非正規労働者の数が増加した。割合も増えた。

小西　バブル崩壊してからぐらいですかね，大体。リーマンショックでさらに。

森戸　ただ，正社員が非正社員に置き換わったみたいなイメージもあるけども，数字的には必ずしもそうでもなくて，正社員もゆるやかに減ってきてはいますけど，とにかく非正規の数が劇的に増えている。

小西　女性と高齢者の増加も大きいですよね。

森戸　夫婦ともに非正規みたいなことも少なくない。単身ももちろんいるけど。要するに，非正規だけど家計を支えてないんだからいいでしょ，家計補助者なんだからそんなに保護されなくていいでしょ，正社員の旦那を保護するルールがしっかりしてるほうが大事でしょ，という時代ではなくなってきたということです。でも日本には雇止め法理しかなかった。

小西　海外の例も参考に，もっと強い法的介入が必要ではないかという方向になってきた。

森戸　そうですね。民主党政権時代，2012年に労契法20条が成立し，あともともとあったパートタイム労働法（短時間労働者の雇用管理の改善等に関する法律。パート法）でも規制が強化されました。

> **労働契約法旧20条**〔2018年改正により削られた〕
> 　有期労働契約を締結している労働者の労働契約の内容である労働条件が，期間の定めがあることにより同一の使用者と期間の定めのない労働契約を締結している労働者の労働契約の内容である労働条件と相違する場合においては，当該労働条件の相違は，労働者の業務の内容及び当該業務に伴う責任の程度（以下この条において「職務の内容」という。），当該職務の内容及び配置の変更の範囲その他の事情を考慮して，不合理と認められるものであってはならない。

小西　正規・非正規の格差は妥当じゃないんじゃないか，法的に何か介入が必要なのではないか。そういう流れができたというのが，ここ10年くらいの話だということですね。

森戸　しかし民主党政権が正規・非正規格差是正と言ってきたのはわかるけれども，「働き方改革」で，さらにこのあたりの規制を強化することになったわけで。そこは何でなんですかね。もちろん今の政府は正規・非正規の格差を問題視しているんだ，という宣伝というかポーズにはなるんだけど。

小西　その辺，明確には答えられないですけど，いわゆる日本型雇用システムを変えていかないと経済も立ち行かない，という認識はあるんでしょうね。

森戸　蟻の一穴じゃないけど，ここからじわじわと日本の雇用システムを変えていこうということなのかな。あんまり表立っては言わないけども。しかしさっきの「過去」の時代，丸子警報器事件の時代にね，同一同一なんて言っても無理だ，日本の雇用と合わないんだと。年功制がベースだし，仕事内容もジョブ型雇用じゃないから……

小西　当時はまだジョブ型って表現，耳にしなかったですけどね。この言葉も使われてなかったですけど，日本はいわゆるメンバーシップ型契約で，かつ年功制なんだから，同一同一みたいなのはなじまない，って言われてましたよね。

森戸　丸子警報器事件なんか異端のね，ちょっと例外的な裁判例だ，みたいな感じにとらえていた気がします。でも今や，気づいてみたら労契法旧 20 条であり「働き方改革」であり，要は丸子警報器事件が言ってたような方向じゃん，みたいになってきてます。話が飛躍しちゃうけど，結局，現状じゃ無理だよとか言っても，法律はいくらでも変えられるし，つくれるし，それを変えちゃえば社会も変わるんだなという。だからおそれずに立ち向かっていこう！　立ち上がれクララ，みたいな，そんなことを思いました。どうせ現行法上は無理だよとか，現行法の体系に合わないよとか言うのは逃げなのかも。

小西　立法政策的観点というのが，昔よりは重視されるようになってきたんじゃないですかね。法学の分野では伝統的には解釈論が中心でしたよね。立法論というのはどちらかというと……

森戸　そうですね。なんか昔は偉そうな先生がいっぱい出てる研究会で，「それは立法論だよ」みたいな上からのセリフよく聞いた気がするわ。

小西　だけど今は，解釈でどこまでできるかということを明らかにして，じゃあ，その先の未来はどうあるべきか，というところまでも考えなきゃいけないと。

森戸　現行法上こうです，って言ってるだけじゃだめなんだろうね。昔は法律なんて簡単に変わらないんだから解釈で正義を実現しなきゃ，みたいなのあったかもね。

小西　何か，話が労働法にとどまらない，「君たちは，法学者としてどう生きるか」みたいになってきましたね。

森戸　コペル君ならぬコニシ君や（笑）。

## ▼ 注目の最高裁判決(1)：長澤運輸事件

森戸　そういう中で，労契法（旧）20条について，下級審裁判例も
いろいろありましたが，ついに2018年6月に最高裁判決が2つ出
ました。ハマキョウレックス（差戻審）事件（最判平成30・6・1民集
72巻2号88頁）と長澤運輸事件（最判平成30・6・1民集72巻2号

---

**長澤運輸事件・最判平成30・6・1民集72巻2号202頁**

（1）「労働契約法20条は，……職務の内容等〔職務の内容，当該職務の
内容及び配置の変更の範囲その他の事情〕の違いに応じた均衡のとれた処
遇を求める規定であると解される」。
（2）「労働契約法20条にいう『期間の定めがあることにより』とは，
……労働条件の相違が期間の定めの有無に関連して生じたものであること
をいう」。
（3）　ア「労働契約法20条にいう『不合理と認められるもの』とは，
……労働条件の相違が不合理であると評価することができるものであるこ
とをいう」。
イ「Y社における嘱託乗務員及び正社員は，……職務の内容並びに当該職
務の内容及び配置の変更の範囲（以下，併せて『職務内容及び変更範囲』
という。）において相違はない」。
　「しかしながら，労働者の賃金に関する労働条件は，労働者の職務内容
及び変更範囲により一義的に定まるものではなく，使用者は，……経営判
断の観点から，労働者の職務内容及び変更範囲にとどまらない様々な事情
を考慮して，労働者の賃金に関する労働条件を検討する……。そして，労
働契約法20条は，……『その他の事情』を挙げているところ，その内容
を職務内容及び変更範囲に関連する事情に限定すべき理由は見当たらな
い。」
ウ「Y社における嘱託乗務員は，Y社を定年退職した後に，有期労働契約
により再雇用された者である。
　……有期契約労働者が定年退職後に再雇用された者であることは，……
労働条件の相違が不合理と認められるものであるか否かの判断におい ↗

---

202頁）です。まず長澤運輸からいきますか。定年後再雇用で有期契約となった社員が正社員との待遇の格差を不合理であると主張して提訴しました。結論としては，一部の手当の不支給は不合理だが，それ以外の基本給などについては不合理な格差はないと。

**小西** 長澤運輸については，十分予想された範囲の判断かなというふうに思っています。

---

↘ て，……『その他の事情』として考慮されることとなる事情に当たる」。

（4）「労働者の賃金が複数の賃金項目から構成されている場合，個々の賃金項目に係る賃金は，通常，賃金項目ごとに，その趣旨を異にするものである……。

……個々の賃金項目に係る労働条件の相違が不合理と認められるものであるか否かを判断するに当たっては，両者の賃金の総額を比較することのみによるのではなく，当該賃金項目の趣旨を個別に考慮すべきものと解するのが相当である。」

（5）「Y社は，正社員に対し，基本給，能率給及び職務給を支給しているが，嘱託乗務員に対しては，基本賃金及び歩合給を支給し，能率給及び職務給を支給していない。……〔これらによる〕労働条件の相違が不合理と認められるものであるか否かの判断に当たっては，嘱託乗務員の基本賃金及び歩合給が，正社員の基本給，能率給及び職務給に対応するものであることを考慮する必要がある」。「本件賃金につき基本賃金及び歩合給を合計した金額並びに本件試算賃金につき基本給，能率給及び職務給を合計した金額を上告人ごとに計算すると，前者の金額は後者の金額より少ないが，その差は上告人Aにつき約10%，上告人Bにつき約12%，上告人Cにつき約2%にとどまっている。」

「これらの事情を総合考慮すると，嘱託乗務員と正社員との職務内容及び変更範囲が同一であるといった事情を踏まえても，正社員に対して能率給及び職務給を支給する一方で，嘱託乗務員に対して能率給及び職務給を支給せずに歩合給を支給するという労働条件の相違は，不合理であると評価することができるものとはいえないから，労働契約法20条にいう不合理と認められるものに当たらない」。

森戸　結局は，定年後再雇用なんだから，っていうことですよね。在職老齢年金もあるし。ただ精勤手当については，定年後再雇用だろうが何だろうが同じトラック運転手という仕事をしていて，その精勤を奨励するという趣旨は一緒なんだから，そこは差をつける理由なし，ということになりました。

小西　ただ気になるのは，最高裁が高年齢者雇用安定法（高年法）に一切触れてないことです。

森戸　高年法がそういう定年後再雇用をしろと言ってるんだから，みたいなことは高裁では言ってたけど。

小西　最高裁は意識的に言ってないと思います。その代わりというか，具体的な待遇の格差がどのくらいかというところにいちばんウェイトがあって。

森戸　全体で見ると2割しか下がってない，っていう話？

小西　あとは一部補塡されているというふうなところですね。とにかく，実際の格差というところにポイントを置いている。労使交渉のこととかも言ったりはしてるんですけれども，それは最も重視しているわけじゃない。高年法にはそもそも言及もしない。いちばん重視しているのは実際の格差。

森戸　高年法は所詮公法上の義務の話だし，という線を引いたんですかね。

小西　あとは，不合理性を否定するところで，なんだかよくわからない婉曲的な表現をしているんです。2割程度の格差があったわけなんですが，その格差について「不合理であると評価することができるものとはいえない」と言ってます。

森戸　最初のほうで，不合理とは，不合理と評価することができることを言う，みたいなこと言ってるよね？　定義というか規範提示というのか。意味はよくわかんないけど。主張立証責任を意識してんのかな。

小西　とにかく，不合理であると評価できない，というふうには言ってない。ここをどう読むかは人によって違うかもしれないですけど，私は，定年後再雇用だから当然に格差OKというわけじゃないんだ，という意味だと思います。相当限定的な言い方をしている。

森戸　結局，定年後再雇用で2割ダウンぐらいならまあいいか，ってことですか？　たとえ職務も職務と配置の変更範囲も同じでも。

小西　これが3割，4割だったら，また違っていたと思います。ただ，本件と異なり，職務や配置の変更の範囲に一定の違いがある場合に，待遇の核となる基本給的な部分の格差について，これは不合理だとかそもそも言えるのかなという気はしています。もちろん基本給部分もアンタッチャブルじゃないんですが，とはいえ説明できるのか。仕事の価値の違い，みたいなほわっとしたものを。

森戸　だから，「合理性」までは要求しないで，「不合理と評価できる」かどうかという基準になってるんでしょうね。明らかに不合理，でなければよいと。

### ▼ 注目の最高裁判決(2)：ハマキョウレックス事件

森戸　ハマキョウレックスのほうはいかがですか。こっちもトラック運転手ですが，定年後再雇用とかではなくて，職務は正社員と一緒ですが，職務・配置の変更の範囲は違うという事例でした。正社員コースと非正社員コースは別建てであると。でもそれでもいろんな手当に格差つけちゃいけないよ，となった。高裁でもいくつか認められていたけども，最高裁ではさらに広がった。

小西　高裁段階ですでに，無事故手当，作業手当，給食手当，通勤手当，そして最高裁で皆勤手当も，ですね。住宅手当は最高裁でも不合理じゃないとされました。

森戸　住宅手当は，長期雇用の正社員は転居を伴う転勤がある，住宅費用がかかる可能性があるんだから正社員だけでもいいんだ，という

理屈でした。今実際にかかってる住宅費用の補助じゃなくて，そういう費用がかかる「可能性」への補助だと。

小西　そういう趣旨ならそれでよい，と認めてくれたということですよね。

森戸　てことはさ，同じ住宅手当という名前のヤツでも，これは今住宅に困窮している人用の手当なんです，って説明しちゃったらアウトなんだね。

小西　そこは説明の仕方ですね。説明の仕方が大事なんですね。

森戸　結論がひっくり返った皆勤手当はどうですか？　ある意味非常にシンプルに，職務は運転手で一緒なんだから出勤奨励の可能性も一緒でしょ，みたいな判断ですが。ここは長澤運輸もだけど。

小西　実は，ちょっと疑問もあるんですけど。

森戸　疑問あったの？　長澤運輸のときに言ってよ！

小西　正社員も非正社員も一緒やみたいな判断ありましたけど，そんなに説明がうまくできてないような気がします。

森戸　小西弁護士やったら，どう説明する？

小西　たとえばハマキョウレックスだったら時給をちょっと上げているとか，あと長澤運輸だと賃金制度を少し変えているとか。

森戸　でもあれだよ，ハマキョウレックスでは高裁ではその説明は通っていたけど，最高裁では，そもそも時給を上げるとかいうのは別の話だし，時給が10円上がったのも皆勤とは関係ない，ということでひっくり返ったんだよ。

小西　だから最高裁は結局，皆勤という言葉を重視しているってことですよ。もし広い意味での賃金の補塡だ，と言ってたら，皆勤という言葉を使っていなかったら……という話になってくる。

森戸　でもそこは狭く解するんでしょうね。皆勤手当と言っている以上。

小西　そう。名称をすごく重視するようになってきてると思います。

森戸　その手当の趣旨を探る，と言いつつ……

小西　ネーミング重視。ネーミングと，そのネーミングから出てくる趣旨。

森戸　でも最高裁も，住宅手当なんかはわりとちゃんと実態にあわせた判断をしている感じがするじゃない。皆勤手当だって，皆勤って言ってる以上大体わかるじゃん，何の手当か。要は皆勤賞でしょう。それは無視できないのでは？　っていうかこんなとこ反対なんや。意外やな。

小西　いや，反対ではないですけれども。

森戸　反対やん。少なくともトークライブ上は反対やて。

小西　そこは，ちょっと要検討だと思ったということです。ネーミング重視で，他の手当をどうしたとか，そういうのはもう考慮されないのかなと。

森戸　じゃあ手当の名前をさ，全部「皆勤手当（非社員はこの分は昇給でカバーしている手当）」みたいにしちゃえばいいのかな。

小西　それだったら趣旨が明確ですね（笑）。

森戸　何か皆勤に恨みでもあるの？　昔皆勤賞の人にフラれたとかさ。

小西　ないです，ないです。僕自身，皆勤するほうだったんて。

森戸　「カイキン」って，クールビズで襟開けるんと違うて。

小西　開襟シャツってまた昭和っぽいですね（笑）。本題の皆勤手当の趣旨のほうは，私が個人的に気になったところということで。

森戸　まあても学者でも引っかかるところが違う，ということ自体が，不合理性という基準の不明確さというか，わかりにくさを表しているのかもですね。それからあともう１つ思ったのは，高裁とか，それまでの下級審がわりと認めていた「長期雇用制の下での人材育成なので」「正社員というのは長期雇用で人材育成していくので」みたいな説明だけではもうだめ，という。この流れはできた感じですね。

小西　そうですね。なんで長期雇用だとこの手当がいるんですかとか，

非正規にはいらないんですかということについての説明がなくても，長期雇用の下での人材育成ですから，と言ってればある程度通る，みたいな雰囲気がこの最高裁以前の下級審まではありましたけど……

**森戸**　最高裁は排除したのかなという。長期雇用の人材育成だけではだめですよと。その職務との関連性とかがちゃんと説明されないとだめですよと。

**小西**　なんでこの手当は非正規にはないんですか？　いや長期雇用じゃないからです，だけでは通らなくなったと。

## ▼ 未来──日本的雇用は変わるのか？

**森戸**　それでこれからの未来の話ですが，「働き方改革」により，かつての労契法 20 条がパート法に移ってパート法 8 条と合体しました。パート法はパート・有期法，通称パー有法になりました（短時間労働者及び有期雇用労働者の雇用管理の改善等に関する法律）。パー有法は，パートも有期も，全く同一労働なら差別してはいけないよ，という「均等待遇」の 9 条と，同一労働じゃないにしても不合理な格差はだめだよ，という「均衡待遇」の 8 条とに整理されました。

> **旧短時間労働者の雇用管理の改善等に関する法律**
> （短時間労働者の待遇の原則）
> 8 条　事業主が，その雇用する短時間労働者の待遇を，当該事業所に雇用される通常の労働者の待遇と相違するものとする場合においては，当該待遇の相違は，当該短時間労働者及び通常の労働者の業務の内容及び当該業務に伴う責任の程度（以下「職務の内容」という。），当該職務の内容及び配置の変更の範囲その他の事情を考慮して，不合理と認められるものであってはならない。
>
> **短時間労働者及び有期雇用労働者の雇用管理の改善等に関する法律**
> 〔2020 年 4 月 1 日施行（中小事業主について猶予規定あり）〕
> （不合理な待遇の禁止）
> 8 条　事業主は，その雇用する短時間・有期雇用労働者の基本給，賞与その他の待遇のそれぞれについて，当該待遇に対応する通常の労働者の

待遇との間において，当該短時間・有期雇用労働者及び通常の労働者の業務の内容及び当該業務に伴う責任の程度（以下「職務の内容」という。），当該職務の内容及び配置の変更の範囲その他の事情のうち，当該待遇の性質及び当該待遇を行う目的に照らして適切と認められるものを考慮して，不合理と認められる相違を設けてはならない。

（通常の労働者と同視すべき短時間・有期雇用労働者に対する差別的取扱いの禁止）

9条　事業主は，職務の内容が通常の労働者と同一の短時間・有期雇用労働者（第11条第1項において「職務内容同一短時間・有期雇用労働者」という。）であって，当該事業所における慣行その他の事情からみて，当該事業主との雇用関係が終了するまでの全期間において，その職務の内容及び配置が当該通常の労働者の職務の内容及び配置の変更の範囲と同一の範囲で変更されることが見込まれるもの（次条及び同項において「通常の労働者と同視すべき短時間・有期雇用労働者」という。）については，短時間・有期雇用労働者であることを理由として，基本給，賞与その他の待遇のそれぞれについて，差別的取扱いをしてはならない。

小西　これまでは有期の方には労契法旧20条，つまり均衡待遇しかなかったわけですが，結局この改正で何が変わったかというと……

森戸　有期雇用の均等待遇が明文化された，ってことですかね。これでじゃあ何か変わったのか，ってことですが，たとえば長澤運輸事件みたいなケースの判断は変わってきますかね。職務の内容，職務・配置の変更の範囲，ここまで全く同一なわけでしょ，長澤運輸事件では。

小西　定年後再雇用というのをひとまず措けば，そうですね。

森戸　そうすると，パー有法9条でアウトになるんでしょうか？

小西　そっちのほうに行きますかね。

森戸　行くでしょう。だって配置の変更の範囲までは一緒じゃん。少なくともはっきりしていることは，定年後再雇用じゃなかったら，文句なくパー有法9条が禁止する差別的取扱いですよね。

小西　それは全くそうです。

森戸　でも定年後再雇用ならそれに引っかからない，という説明は，条文のどこから来るのかな。

小西　「理由として」のところでしょうか。

森戸　有期雇用労働者であることを理由として待遇が低いのではないと。定年後再雇用が理由で低いのだと。確かに，長澤運輸事件では，労契法（旧）20条にいう「期間の定めがあることにより」のところをクリアすればよかった。

小西　労契法旧20条は「理由として」って言葉，使ってなかったですからね。「期間の定めがあることにより」って言えるには期間の定めに関連しているだけでよい，と最高裁は言ってます。

森戸　しかしパー有法9条では「理由として」のところをクリアしないといけない。切るとしたらこれですかね。パー有法でも8条と9条の因果関係の要件は違うと。

小西　9条はより限定していると。

森戸　この辺の解釈は裁判例が出てみないとどうなるかわからないですが。ま，でも定年後再雇用のようなケースを別とすれば，有期雇用労働者について，これまでなかった均等待遇の条文ができたわけですから，そこは規制強化ですよね。

小西　そこでパー有法が今後どう解釈されていくのか，実務でも注目なわけですが，厚生労働省からはいわゆる「同一労働同一賃金ガイドライン」（「短時間・有期雇用労働者及び派遣労働者に対する不合理な待遇の禁止等に関する指針」〔平成30年厚労告第430号〕）というのが出ています。ただ，判断が難しいような微妙なケースについては，あまり断定的に書かれていない感じです。

森戸　結局はやっぱり裁判例を待たないと，ですかね。それじゃあ，より大きな話として。今後規制が強化されることでどうなるんでしょう。

小西　まず，待遇を使用者が決定するとき，労働者を雇うときには，それについてきっちり説明が求められることになりますね。これはパートタイム・有期雇用労働法にも条文として定められましたけれども，

たとえば各労働条件の趣旨，目的等を踏まえた上できっちり説明をするということが求められます。

森戸　パー有法って言ってよ！　広めていこうよ（笑）。そうですね，今おっしゃったように，訴訟になればもちろん会社としてはちゃんと争っていかなければいけない。でも訴訟にならなくても，説明義務は果たさないといけない。なんでこういう労働条件になっているか，なんでこういう手当があるのか，なんで正社員だけなのか，そういうことをちゃんと説明しないといけない。

小西　そうですね。そしてその説明の程度，有無というようなところもまた，訴訟における不合理性の判断にも影響してくると思います。

森戸　説明が適当だと……

小西　その待遇の差異というものが不合理と判断される方向に行くのではないですかね。

森戸　そんな説明しかできてなかったということは，不合理なんだろう，と言われるってことかな。そうするとね，日本郵便の事件（東京高判平成 30・12・13 労経速 2369 号 3 頁など）なんかを見ると典型ですけど，日本の会社というのはいろいろな手当を支給しているじゃない。て，そういうのは，たとえば労使交渉の結果，基本給自体を上げるわけにいかないから，ではこういう手当を支給しましょう，みたいな感じで支給されてたりもするわけです。

小西　はい，労使合意で。

森戸　しかしどういう趣旨だと言われたらようわからん手当みたいなのがあったりするわけですよ。それは労使交渉の流れでできた手当なんです，それ以上説明できません，みたいな。でもそういうのは，今後はもう排除されちゃうんでしょ？　正社員にしかないことがうまく説明できないから。まあ全員に支給すればいいのでしょうけど。

小西　そうなのですよ。て，そこで，また蒸し返すようですけど，やっぱり手当の名前とかというのが重要になってきて……

森戸　二度蒸し禁止やて。

小西　串揚げみたいに言わないでください（笑）。これまでは，実質的に基本給を上げるために，適当なというか，ちょっと違う名前の手当を作って，それを実質昇給の代わりに使っていた。でも今後は，いやそういう名前，たとえば皆勤手当って名前つけてるんだから，それは昇給じゃないでしょ，って言われちゃう。当該手当の趣旨と言いつつ，そうは言っても労使交渉の経緯とかがよっぽど明確でないと，結局その手当の名称が判断において重視される方向に動くかなと思います。

森戸　まあ確かにね，名称はわかりやすい証拠だもんね。てね，そうなってくるとすると，もういろいろ面倒くさいから，そういう手当はこの機会にやめるかみたいな動きも出ますよね。

小西　はい。トヨタ自動車も家族手当を見直すとかいう報道がありましたし，日本郵便の住宅手当の廃止とかもかつて話題になってました。

森戸　そうすると，均等・均衡待遇とその説明義務，これをちゃんと果たせというのを突き詰めていくと，結局職務給的と言うのですかね，あなたの仕事はこれで，だからこういう待遇です。こっちの人はこういう仕事だから，こういう給料です，みたいな。そういう説明をしていかなければいけなくなる。それはいわゆる職務給的な雇用管理，そういう労働契約のほうに誘導していくような動きなのかなとか思うのですけど，そこはどう？

小西　仕事と給料，仕事と賃金と手当とのひもづけを強化するということですよね。そういうことからすると，確かに職務給制度とより親和的です。

森戸　そのほうがいいのですかね。それがこれからの日本の働き方なのか。解雇規制の話とかにもつながっていくけどさ。もう日本的雇用はさよならや，っていうことですかね。それは，全体として日本の職場を良くはしていくんですか？

小西　まあ，納得性の高い職場にはなってくると言うんですかね。そういう意味ではプラスかも。

森戸　でもその代わり，あなたはこの仕事でこういう待遇，でもあなたはこれできない，じゃ解雇，みたいな感じになるということだよね。

小西　そうですね。

森戸　もちろんね，これまでのメンバーシップ型の日本の長期雇用はいろいろな弊害，たとえば過労死とかね，そういうのもいろいろもたらしちゃってたのでしょうけど。擁護するわけじゃないけど，逆に曖昧でいい面もあったのが，なんでもきちっきちっと説明されて，息苦しくならないのかな。労働者にとって大変な職場になる可能性もある。

小西　まあ息苦しくなるというような側面もないわけではないでしょうね。全部説明しなければいけないから。

森戸　て，説明できないものはもうやめるとか，廃止するとか，そういうふうになるとすればね。

小西　仕事の内容をもう正規と非正規で完全に変えちゃう，違いを明確にするという動きはありそうですね。あともう１つ気になることがあるんですが，これも景気の状況に大きく左右されるかもしれませんが，非正規の有期雇用の人が，無期転換するという可能性もどんどん出てきますよね。

森戸　労契法18条ですね。

小西　そうなってくると，将来的には，無期契約労働者間での格差が問題になってくるかもわからないですよね。無期転換して，労働時間も短くないのに，格差があっていいのかという。

森戸　それはまさに丸子警報器事件の再評価だね。

小西　そうなんです。有期でもパートでもないから，パー有法８条も９条も適用にならない。類推適用はありうるかもですが。

森戸　そこで丸子警報器事件の公序法理の復活や！　もう25年くらい前の裁判例でしょ，ものすごく昔の法理だと思ってたのが，長い長

い旅をして……

小西　戻ってきた。これはまるで……

森戸　「母をたずねて三千里」だね。マルコだけに！

小西　お後がよろしいようで！

▶ 意識高い系若者たちへ

森戸　まずは現在のルールを正しく理解，ということで，2018年の2つの最高裁判例のポイントをきちんと押さえましょう。労契法（旧）20条の不合理性判断は，職務の内容，職務・配置の変更の範囲，そしてその他の事情を考慮して行われる。この，その他の事情，のところで，有期雇用とはいえ定年後再雇用である，という事情を最大限考慮して，一部の手当を除き基本給など主たる待遇については不合理な格差なし，としたのが長澤運輸事件ということですかね。今はもうパー有法の時代になってますが，基本的な考え方はこれと変わっていません。

小西　はい。年収2割ダウンぐらいにとどまってるのであれば，職務内容や職務・配置変更の範囲まで全部同じでも，ということですね。

森戸　定年後再雇用ではないハマキョウレックス事件のほうでは，いくつかの手当について，不支給や格差が不合理であるとされました。今やっている仕事（職務）は同じだけども，将来の人材登用の可能性とか，それから転勤があるかないかとか，そういうところ（職務・配置の変更可能性）は違うというパターン。

小西　世間でよくありがちなケースですね。

森戸　そういう場合でも，職務との関連性がそんなに密接じゃない手当のようなものについては，なお不合理な格差だという判断がされま

すと。

小西　通勤手当とか給食手当とかがわかりやすいですかね。仕事が何であれ，異動があろうがなかろうが，通勤はするでしょう，お昼ゴハンも食べるでしょう，という。

森戸　他方で住宅手当は，実際の住宅費用の補助じゃなくて，転勤の可能性に対する手当という趣旨だからセーフ，となりました。その辺が最高裁のポイントですかね。で，2020年度からはさらに規制が強化されます。パートタイム労働者，有期雇用労働者，それから頁数の都合上触れられませんでしたが派遣労働者。この非正規労働者の3類型すべてについて，均等待遇と均衡待遇が，明文上の原則となりました。

小西　論点ごとの具体的な解釈については今後の裁判例の判断を待たなければいけませんが，とにかく均等待遇，均衡待遇のルールの基本的な枠組みが完成した，ということですね。

## ▶ 現場の労使の皆さんへ

森戸　繰り返しになりますけど，訴訟になったらもちろん大変だけれども，訴訟にならなくても説明義務はかかってきます。なので現場の労使は，この手当の趣旨は何なのか，なんでこれは非正社員にはないのか，そのネーミングも含めて議論していかなければいけないでしょうね。

小西　そうですね。説明できないものは見直すという方向になってくるでしょう。

森戸　労使の皆さんへと言うけど，考えたら労使と言っても，非正規の労働者も正規の労働者もいるわけです。両方にとってこの問題というのはどういうふうに関わってくるのか。正規雇用の労働者からすると，非正規との不合理な格差是正が，たとえば何かの手当の廃止の理由とされうるわけですよね。

小西　この手当を非正規に支給しないわけにいかない，説明がつかない。それなら非正規にも支給することにすればいいじゃないかとなるかもしれないけれど，でも財政的にそれは無理なので全廃します，みたいな。就業規則の不利益変更の問題になりますね。

森戸　そうですね。正社員の労働組合としても考えなければいけないですね。

小西　その不合理性を解消するというのは，これは法律で要請されていることだから，業務上の必要性としては高いとも言えますかね。

森戸　一応はね。そうすると，裁判で通るかどうかは別として，組合としてもある程度交渉には応じなければいけないでしょうね。そこで，それに対してどう対応するのか，断固反対するのか，それとも代わりに何かを勝ち取るのか。それは組合が自分で考えなきゃいけない。

小西　そうですね。

森戸　非正規労働者の人たちに対してはどうでしょう。現在の流れとしては，待遇改善につながる方向で来てるんだとは思うけど。

小西　まずは当たり前の，最低限のことを理解しないといけないですよね。労契法旧20条なりパー有法なりがあって，最高裁でもこういう判決が出ている。

森戸　そうですね。非正規だからしょうがない，入社するときにわかっていたことなんだから文句も言えない，という時代ではないのだと。それをわかってほしいよね。でも実際どうやってわかってもらうのか。

小西　正社員なら労働組合がそこで役割を果たすんでしょうけど。

森戸　現実には，サービス残業だとか休みが全然とれないとか，勝手に辞められないとか，そういうこともちゃんと理解されてないわけでしょ。労働条件の不合理性も問題になりますよ，なんてさらにそれよりハードル高い情報な気もするよね。

小西　労働組合を作る，あるいは入る，っていうのも1つの可能性でしょうけれど。やっぱり非正規の人たちが声をあげられないのは，

雇止めされるかもしれないと思うとなかなか言えないとか，そういうところとも関係はしてきますね。

森戸　労契法18条の無期転換はまさにその解決策の1つとして導入されたんですけどね。有期でも雇止めの保護があって当然にはクビにされない，有期だから当然に労働条件が低くていいわけではない，さらに無期転換権もありますよ，と広く周知を図るしかない……あれ，現場の話してたのにいつのまにか霞が関へのお願いに転換されちゃった。

#### ▶ 霞が関の皆さんへ

森戸　霞が関の皆さんへはね，まずさっき言った，基本となる法的ルールの周知徹底，これをやってほしい。それはよろしく，とお願いした上で，より大きなことを言うと，すでに話に出ましたが，日本的雇用の今後みたいなことを考えていかなきゃいけない，という大きな流れの中にある話なんですよね，これは。でもそれでよく思うのは，これまでの政府というか厚労省は，やっぱり長期雇用制の枠からはみ出せない，ある意味保守的な政策でずっとやってきた。

小西　そうですね。

森戸　他方で経産省とかは，何か経済のことしか考えていないみたいな，1人ひとりの労働者のことを全然考えていないような印象があって。

小西　なんか中間的ないい落としどころを探ってほしいですね。正規，非正規の問題に限らずでしょうけど。あとは，さっきすでに出ましたが，無期・有期，フルタイム・パート，それから派遣というところでは，今回の法改正で1つ立法的な区切りがつきました。そうするとあとは，たとえば無期転換した有期契約正社員が典型でしょうけど，より一般的な格差是正というものについてはどう考えるのか，そのあたりが課題ですかね。

森戸　ある意味そこが本当の同一労働同一賃金なのかな。職務の価値とは何か，みたいな話になっていくのかも。あ，でも霞が関の人に対していちばん言いたいのはこれかな。あそこが日本でいちばん終身雇用で，他方で非正規公務員の人も結構使ってるのに，民間に対してばっかり格差是正だ，長期雇用も変えていかないと，って号令かけるのはどうなの？　っていう。

小西　ああ，それはきっと耳の痛いところですよ。定年後の再雇用，再任用っていうんですかね，あのあたりの待遇の下がり方もすごく大きいみたいですし。

森戸　霞が関の皆さん，自分たちの働き方も考えてね！　という。あれ，これさっきも言った気が……

小西　なんかちょっと趣旨が変わっちゃいましたけど（笑），でもそのとおりですね。

- - - - - - - - - - - - - - - - - - - - - - - - - **Answer** - -

　ヤマシナ君は正社員とは待遇が違うことをわかった上でアルバイトを始めたようだが，たとえそうだとしても，パー有法8条違反となる不合理な待遇格差があれば，それについてはなお不法行為に基づく損害賠償請求などの法的救済を求めることができる。なおヤマシナ君たちアルバイトがパー有法にいう短時間労働者であるかどうかははっきりしない（実労働時間はわかるが，所定労働時間が不明なため）が，少なくとも有期雇用であることは明らかであろう。

　アルバイトの職務内容はトラックの運転手であり，おそらく正社員の運転手と全く同一である。もっとも正社員には転勤の可能性もあるようであり，職務内容と配置の変更の範囲は異なっているようである。しかしその場合でも，通勤手当と皆勤手当は，その趣旨からすれば正社員と同じ基準で支払われなければ不合理と評価されるであろう。他方で基本給的な部分については，現在の裁判例の傾向を前提とするなら，基本的には金額の格

差がよほど大きくなければ不合理という判断はなされないと思われるが，事情によっては異なる判断もありうる（産業医科大学事件・福岡高判平成30・11・29労判1198号63頁参照）。ボーナスについては，その金額と趣旨によるだろう。下級審レベルでは賞与不支給を不合理であるとした裁判例も登場している（大阪医科薬科大学(旧大阪医科大学)事件・大阪高判平成31・2・15労判1199号5頁）。

　今般の「働き方改革」により，派遣労働者と，派遣先で雇用される通常の労働者との間にも，原則として均等・均衡待遇規制が適用されることとなった（派遣先均等均衡方式）。ただし例外的に，派遣会社において一定の要件（①派遣労働者と同種の業務に従事する一般労働者の平均的な賃金と同等以上の賃金とすること，②能力・経験等が向上した場合は賃金が改善されるものであること）を満たす労使協定が締結されている場合には，この規制が適用されなくなる（労使協定方式）。

　「現場」の派遣会社はこの法改正にどう対応したのだろうか？

――やはり労使協定方式でいくのでしょうか？

　はい，弊社の場合は労使協定方式でいきます。派遣先均等均衡方式がよいという意見が派遣スタッフの中になかったわけではありませんが，弊社としては，派遣先が変わるごとに給与が変わるということ自体が生活の安定を妨げうるところ，国が一般労働者の賃金水準の指標を示していることから，派遣先が変わっても，一定の給与を継続してもらえるほうがよいのでは，と考えました。労使協定方式について基本的にスタッフ側からの反対はありませんでした。

　弊社の場合は，雇用契約期間が短くても賞与・退職金をお支払いできるように，賃金に含めて前払いする方式にしました。計算すれば，この金額が賞与・退職金相当だ，とわかる形になっています。通勤費は，これまでもそれを勘案しながら時給を設定していたのですが，これからは実費を別途お払いすることにしました。

　それから，この改正に伴い全スタッフの処遇がこれまでより少しでも上がるようにする，という前提で設定しました。ざっくり言えば，地方のスタッフほど上がった感じです。国の出した一般労働者の賃金水準が，地域係数をかけた結果，従前より高い賃金となり，ということはその分派遣料金の引上げにつながるのですが，ほとんどの企業様にはご了解いただけました。同一労働・同一賃金は国の施策なので，それなら仕方ないねと。

——派遣料金が値上げされるなら，もう直接雇うか，あるいはいっそ業務委託にするか，みたいな動きは派遣先にないのでしょうか？

　そういうことをおっしゃった企業もありました。ただ，実際にご検討いただくと，結局まあ派遣がいちばんよさそうだねということになっています。ただ，中期的にはそうですが，長期的にみて，この先はちょっとわからないですけどね。当然総額のコストは上がっていますので，今まで100名の派遣スタッフが就業していた企業様が，そのまま100名で継続されるのか，たとえば95名でも業務がまわるのか，というような業務の再構築，あるいはAIやロボットの活用，みたいなことは当然考えられると思います。

——御社はもともとそれなりの給料を払っていたから，労使協定方式になっても水準的にはちょっとプラスで済んだのかもしれませんが，業界全体としてはどうでしょう。もっと安く設定していたところが，今回の法改正で，ぐっと多く払う羽目になっていたりとか？

　影響があった派遣会社さんもいたと思います。これを機会に派遣事業から撤退しよう，という声も聞こえてきています。特に規模の小さな派遣会社には厳しいかもしれません。もともと派遣事業は兼業・小規模で，本業でほかの事業もやられていたりすると，今回の法改正に限らずそもそも負担が増えている中で，さらにシステムを入れ替えないといけなかったり，コストも上がってくる，ということで，ちょっともうしんどいな，と。

——派遣先もやはり労使協定方式にしてくれという声が強かったのでしょうか？

　そうですね，派遣先均等均衡方式だと，派遣先がそのための情報提供を随時する義務がかかってきます。それはしんどいねと。うちは従業員へこういう処遇をしていますよ，という情報を派遣会社に全部流すというのは，やはりやりたくないと。よって企業側でも労使協定方式を希望されるケースが多かったです。

――労使協定方式では，賃金水準についてだけでなく，能力等が向上したらそれを報酬に反映させる，ということも定めなければなりませんが……

　弊社の場合，今回の法改正前から業務評価自体はやっていたのですが，今回，少なくとも半年から1年に1回は，必ず派遣スタッフへフィードバックをして，パフォーマンスが上がっているのであれば，それに応じて手当という形で，さらに手当を乗せていくというような形の処遇にしました。これまでも，とても評価が高かったスタッフには，派遣先に請求させていただき，それをスタッフに還元するということが当然あったんですけれども，今回制度としてしっかり明示し，かつ定期的に行うようにしました。

　ただそれはもちろんいわゆる職能給ではない。国が示した賃金水準も基本的には職務給的な整理ですし，弊社は職務給ですので，能力・経験が上がっても担うお仕事の内容・難易度が変わらなければ，直ちに時給は上がらない。ですので，能力・経験が上がったら，さらに難易度の高いポジションに配置ができるようにする，それも並行してやっていく。同じ業務内容・難易度で，成果が上がったらそれを評価して手当としてお支払いするものの，能力・経験が上がって，さらに難易度が高い業務を担えるのであれば，それに応じた職務を提供し，ベースの給与自体を上げましょうという，そういう二本立てにしました。今までも実態としてはやってはいましたが，それを体系的に明確にしました。

――全般的に見て，派遣スタッフ側の反応はどんな感じでしょう？

　良好ですね。特に，今回の改正は処遇を上げるということで全スタッフの処遇を上げましたから。ただその分もちろんコストが高くなりますので，ご利用いただく企業様がそれを受け続けていただけるのかどうかは気になりますが。

　今後ますます，いろんな意味で流動化は進むと思っています。有期雇用のマーケットで，パートやアルバイトの方が派遣という働き方に入ってくる。また，派遣会社によって結んでいる労使協定の中身に差

があるのであれば——これは賃金水準だけでなく，しっかりと職務の
ランク付けや評価をやるかというようなことも含めてですが——，よ
りちゃんとした派遣会社のほうに登録するか，となる。全然違うタイ
プの流動化が起きるのかなと。

——なんか大手派遣会社にとって良いことばかりじゃないですか！
　（笑）。ただ現場は相当大変な思いをしました。今もまだ，うまくい
くのかなという不安もあります。でも業界全体がちゃんと適正な形で
機能するように，私たちももっと頑張らなきゃいけないと思っている
んですよ。

# 副業・兼業
## ── もしもバイトができたなら

THEME
10

## ── Case ────────────────────────

北新地のラウンジ，ミッシェルにて──

リミニ「わー，サクちゃ～ん！　会いたかったー」

サクラダ弁護士「今日は京都の百万遍で仕事があってね，仕事終わりに来たよ。それにしてもリミニちゃん，久しぶりだねー，ここのところお店に出てなかったんじゃないの？」

リミニ「さすがサクちゃん先生，よう気づいてくれはるわー。リミニうれしい!!　実は昼職\*でOLしててんやけど，会社の階段で転んで，足骨折してしもてん」

サクラダ「それは大変だったね。それでもう治ったの？」

リミニ「一応治ったけどそれまでが大変で……。骨折で働けへんかった期間労災からお金がもらえるって聞いたから会社に申請しに行ってんけど……そのとき，ミッシェルでも働けんくなるわと思って，人事の人に『副業もしてるんですけど，そのお給料分も労災に反映されますか？』って聞いたらクビになってしもて……」

サクラダ「就業規則で副業が禁止されてたんだね」

リミニ「そう」

ママ「この子そういうとこ，抜けてるから。そんなん絶対言ったらあかんやん。昼の会社……モナコやったっけ，名前は洋風やけどお堅いとこなんやし」

リミニ「でもこれまで，お昼も居眠りせんと，他の人より頑張ってきたのに，なんでクビにならなあかんのかなあ？　労災の額もどうなんや

ろ，実はミッシェルでのお給料のほうが高いから結構切実やったんや
けど。サクちゃん先生，教えてー」

サクラダ「そうだね……どうだったかな……」（スマホを取り出す）

ママ「あれ〜，結局グーグル先生に聞くのね〜（笑）」

＊昼職：ヒルショク。昼間の仕事。しばしば夜の水商売との対比で用いられる。

## ▼ これまでの問題状況

小西　副業とか兼業とかは，教科書とかでも大体は取り上げられてるんですけれど，メイントピックっていう感じではありませんね。

森戸　必ず載ってはいるけど，って感じかな。

小西　有名な裁判例として小川建設事件（東京地決昭和57・11・19労判397号30頁）というのがあって，夜の仕事もしていた女性がそれで解雇されまして，その有効性が問題になっています。

森戸　これ，懲戒解雇？

小西　会社としては懲戒解雇すべきところ普通解雇にした，という事案です。

森戸　兼業禁止の就業規則違反で解雇，ですかね。

小西　そうですね。判決では，就業規則で兼業を全面的に禁止することは，特別な場合を除き，合理性を欠くとしつつ，労務提供上の支障等を考慮した上で会社の承諾にかからしめる規定を就業規則に定めることは不当とはいえないとして，結局，解雇を有効としました。ほかの裁判例も大体，副業・兼業による労務提供上の支障が認められる場合に限って兼業規制をなしうると考えているようです。

森戸　仕事に支障があると認定されたんですね。どのくらい働いていたの？

小西　会社に無断で6時間ぐらいキャバレーで就労してました。

森戸　で昼は普通に建設会社で事務やってたと。何か昼間ずっと寝てたとか，そんなことがあったんですかね。

小西　就業時間中居眠りが多かったとか，残業を嫌がっていたという事情は認定されてますね。

森戸　懲戒事由にはあたるかなと思ったけど，解雇有効はちょっと意

外かな。昼間の仕事に著しく支障があると。何度もやめろって注意したのにやめないとかいうんだったら問題かなと思うけど。

小西　判決ではその他もろもろの事情も考慮して解雇有効としたんですけどね。

森戸　そうなんや。とにかくまあ，懲戒処分との絡みで，就業規則上の副業・兼業禁止規定は有効か，みたいな論点は大体どんな教科書にも載ってますかね。

小西　そうですね。

森戸　ほかにも問題があることはみんなわかってたけども，あえてそこは触れずにやってきたみたいな感じなんですかね。

小西　そうです。副業・兼業に関する規定の重要性とかも，あんまり意識されてなかったと思います。多くの企業が，副業・兼業を就業規則で原則禁止してきたとは思いますが。

森戸　まあ，ほとんどしてるでしょうね。

## ▼　最近の変化

小西　というのがこれまでの状況だったわけですけれども，急にここ最近トレンドが変わってきました。政府がことあるごとに副業・兼業促進を言うようになったんです。厚生労働省が出している「モデル就業規則」でも副業・兼業の部分が改正されました。これはあくまでモデルなんですけど，でも現場，特に中小企業では，このモデル就業規則を大いに参照して就業規則を作っているので実務上のインパクトは大きいわけです。そこでは従来，副業・兼業は原則禁止とされ，それを受け多くの企業が副業・兼業禁止の規定を持っていたんですけど，この原則禁止という部分が変更されたんです。

> 「モデル就業規則（平成 31 年 3 月）」 〔抜粋〕
>
> ---
>
> 第 14 章　副業・兼業
>
> （副業・兼業）
>
> 第 68 条　労働者は，勤務時間外において，他の会社等の業務に従事することができる。
>
> 2　労働者は，前項の業務に従事するにあたっては，事前に，会社に所定の届出を行うものとする。
>
> 3　第 1 項の業務に従事することにより，次の各号のいずれかに該当する場合には，会社は，これを禁止又は制限することができる。
>
> 　① 労務提供上の支障がある場合
>
> 　② 企業秘密が漏洩する場合
>
> 　③ 会社の名誉や信用を損なう行為や，信頼関係を破壊する行為がある場合
>
> 　④ 競業により，企業の利益を害する場合

**森戸**　そもそもなんて最近，政府は副業・兼業容認の方向をやたら出してくるんですか？

**小西**　「働き方改革実行計画」（平成 29 年 3 月 28 日働き方改革実現会議決定）では，副業・兼業は，新たな技術の開発，オープンイノベーションや起業の手段，そして第 2 の人生の準備として有効であるとしています。そして，副業・兼業を希望してる人は近年増加しているけれども，これを認める企業は少ないと。あと実際上，労働力不足が進んでいく中，働き手の力を有効に利用したいというところがあるんじゃないかなとも思います。

**森戸**　有効に利用したら，副業・兼業しても大丈夫な人がおるんやったら，やってもらったら？　そのほうが経済活性化になるよ，ってこと？

**小西**　そうです。

**森戸**　ふーん。これはまた後でやるけど，そうしたら働きすぎになっちゃうじゃん，っていうのが 1 つある。でもその話とは別に，要は

解雇規制の緩和とか雇用の流動化とか，政府としては，正面からはそう言わないけど，やっぱりこれまでの長期雇用，終身雇用の慣行を壊して，もっと流動的な労働市場にしようと考えてる。副業・兼業容認もその下地作りみたいな，そういうのではないんですか。

小西　それはあるのかもしれないんですけど，表立っては言ってないですね。でも確かに，そういうのも長い目で見たら関係はしてくるかなと思います。

森戸　面白いのは，確かに多くの企業が就業規則で副業・兼業を禁止してましたけど，でも実は裁判例は，さっき確認したように，必ずしも当然に禁止できるとは考えてなかったですよね，昔から。本業への支障，あるいは誠実義務違反みたいなのがない限りは，アルバイトすることを会社は当然には禁止できないよ，というのがたぶん昔からの裁判例の立場。だから，副業・兼業解禁やてとか言っても，ただ本来のルールを確認しただけでしょ，っていうことは言えないんですか？

小西　全くおっしゃるとおりで，モデル就業規則の改定も，過去の裁判例を参照して，それを踏まえて，原則禁止というこれまでのモデルを改めたというだけです。

森戸　今までモデル就業規則が，当然禁止していいんだよみたいになってたのが，実はそれは法的におかしいんだよってことで，まずはそれを直そうみたいな。

小西　そうですね。まあとにかく副業・兼業をもっと許容していくという，こういう動きがあります。ただ，副業・兼業が許容されるようになると，労働法上，あるいは社会保険とかの社会保障法上，いろんな問題が噴出します。法的問題が整理されてないので。

森戸　されてないのにこっちだけ直されても。現場はどうすんねんみたいな。

小西　見切り発車みたいな感じですね。

森戸　でも政府としてはとにかく副業・兼業禁止という原則を変えよ

うと。パンドラの箱を開けたわけや。で開けたらいろんな問題が噴出した。

小西　パンドラの箱だと底に希望だけが残ってたって話のはずですが……実際には底にいろんなややこしい問題が残ってました。

森戸　ハズレのパンドラの箱だったのかな。

### ▼ 副業・兼業と労働時間規制

小西　まず労働基準法（労基法）38 条に関してです。

> （時間計算）
> 38 条　①　労働時間は，事業場を異にする場合においても，労働時間に関する規定の適用については通算する。

小西　この規定をめぐって，いくつか解釈があって，1 つは，これは厚労省の考え方なんてすけれども，異なる事業場というのは，異なる事業主，違う会社で働いている場合も，それを通算するという。

森戸　同じ会社はもちろん。

小西　はい。

森戸　それは厚労省の正式見解なんだ。

小西　通達レベルですね。通達での見解です。

森戸　昔から？

小西　昭和 23 年ですか。結構昔から，もうそういうことが言われてるんですよね。ただ，この通達の解釈には，学説からは反対がありまして，実際上そんな規定置いてても実効性がないじゃないかと。

森戸　わかれへんやろと。

小西　ということで，多くの学者は，異なる事業場での通算ができるのは，同一の使用者の異なる事業場で働いている場合のみだと解釈しています。

森戸　それは多数説なんてすかね。

小西　有力説という感じでしょうか。

森戸　労基法は刑罰規定ですが，現実問題としてそんな違う会社で働いてる時間まで通算して管理しないと刑罰かける，なんて実際には無理やろと。でもね，他方で，やっぱり労基法の本来の趣旨としては，1日8時間とか週40時間以上働いたら，身体壊しちゃうよねと。だからあんま働きすぎちゃだめだよねっていうのが基本でしょう。それで考えたら，事業場が変わったってさ，1日のうちに，こっちで8時間，あっちで8時間，あわせて16時間働いたら，やっぱり身体に良くない。それは否定できないですよね。

小西　もちろんです。

森戸　ということは，要は法の欠缺だと。欠陥だと。それは大問題だけども，労基法ではカバーしきれないから規制してないよ，っていうのが多数説なんですね。そういう働きすぎはあるかもしれないけど，それはまあでも，しゃあないんちゃう，というふうに考えてんですかね。

小西　健康確保については，また別途考えるということでしょうか。

森戸　そこはずいぶん柔軟なんだね。法の趣旨はやっぱり長時間労働防止やろ！　だから別会社でも通算！　っていう気骨のあるヤツはおらんのか！

小西　いらっしゃるとは思いますが，ただ，たとえば残業代，割増賃金の支払とかの問題が出たときに，「えー，こんなに払わなきゃいけないの?!」ということが起きうるんで。

森戸　A社で8時間働いて次にB社で8時間働いたというケースで，B社での分が全部時間外労働になっちゃうと。

小西　そういうところが問題点として挙げられます。

森戸　でも，なんかさっきから，すごい噛みつくようですけど，もし本当に労働者の長時間労働が問題だと思ってるんだったら，確かに現行法を適用しちゃったら，B事業主が割増賃金を払わなきゃいけなくなるのはおかしいから立法的措置は必要かもしれない。でも現行法上

はそう考えないと，長時間労働防止の趣旨は徹底できません！　という気骨のある学者はおらんのかと。何かそっちのほうが学者としては筋が通ってる気がするんだけどな。小西説はどうなの？

**小西**　森戸説で主張すればいい気もしますけど（笑）。小西説は……ないんですけれども，今後の法政策は，異なる事業主同士の場合は通算をせず，健康確保の措置は別途新しく設けるという方向になるんじゃないでしょうか。2005 年の「今後の労働契約法制の在り方に関する研究会報告書」ではそんな感じでした。最近の厚労省の「『副業・兼業の場合の労働時間管理の在り方に関する検討会』報告書」（令和元年 8 月 8 日）でも，事業所ごとに上限規制を適用するとともに，適切な健康確保措置を講ずることを，考えられる選択肢の例示として挙げています。

**森戸**　じゃあ，やっぱり 1 人の事業主が長時間働かせることを禁止する法律なんだね，労基法は。労働者が長時間，1 日 16 時間働いちゃうかもしれないよっていうのは，それは労働時間規制で規制しようという場面じゃないという割切りですかね。規制できないし，そういう趣旨じゃないと。

**小西**　ただ，常にこの辺はモヤモヤするところで。

**森戸**　何かこう，また蟻の一穴じゃないけど，副業・兼業のときどうするかみたいな，小っちゃい話やでと思うけども，労働時間規制という労働法の根本的なところを，まあ，しょうがないでしょう，無理でしょうみたいな感じで，もういいじゃないかって言い出してる気がして，そこがどんどん広がっていくと，そうしたら労働法はもう，結局本当に長く働く人を守ることなんかできないんだから，労働法なんかいらないわね，みたいになるよ，きっと。

**小西**　いや，本当，これまでの労働法のスキームを維持するのか維持しないのかは別として，これは本当に大きなパンドラの箱だと思うんです。

森戸　そうだよね。さっきはハズレとか言っちゃったけど……

小西　これまでは労働者の保護を使用者の責任の下でカバーするという形で，なんとかうまくやってきた。

森戸　でももうそういう発想ではだめだと。働き方が変わってきてるから。

小西　はい。使用者を単位として規制を考えてきたわけですけれども，労働者はいろんな使用者のところに所属するんだというふうになってきたら，使用者をとらえて保護するという仕組みじゃなくて，労働者に焦点を当てた保護の仕組みというのを考えていくことが必要になってくるかもしれない。

森戸　なるほどね。突き詰めればそういうことだね。でも，それはもう労働法ではない。従属性とかの問題じゃないと。

小西　そこもさらにまた関わってきます。確かに今の労基法38条は，雇用＋雇用の場合の通算なんですけど，雇用＋自営というのもどんどん増えてくる。そうすると森戸さんがおっしゃったみたいに，もう雇用とか労働とかというところをとらえること自体も難しくなってくる。というわけで，本当に，蟻の一穴というか，パンドラの箱なんです。

森戸　ある意味，副業・兼業問題は，労働法の終焉を見届けるおくりびととなのかも。

小西　おくりびと。きれいな表現ですが，深い言葉ですね。

### ▼ 上限時間内でも安全配慮義務違反？

森戸　モデル就業規則では，2か所で働いてもいいよ，でも届け出ろ，と言ってますよね。つまり会社に知らせる義務がある。こっそりやったらあかんよと。そうすると会社としては把握はできる。「あっ，お前，ほかのところで5時間働いてんだな」「働きすぎじゃないか」とか言えっていう趣旨ですかね。

小西　自分のところでは所定労働時間8時間働いてて，ほかのとこ

ろで5時間とか6時間働くというような場合，足し合わせるとたとえば過労死ラインを超えるような時間働いているとする。ではその8時間働かせたほうは，何らかの措置をとらないと，たとえば安全配慮義務違反を問われるのか。使用者は知ってます，労働者が届け出てるから。

森戸　理屈としては，「お前は過労死ライン超えてるから，兼業禁止や」と言えということかな。それか「ワシのほうの会社の労働時間短くすんで」とか，「解雇や」とか。そうしないと過労死の責任問われちゃう。

小西　2005年の労働契約法制研究会の報告書では，労働者自身の健康に対する意識も涵養していくことが重要だ，と言ってます。

森戸　それは重要だけど，そんなの言ったって意味ないよね。当たり前っちゃ当たり前，自分の健康は自分で気をつけてねっていう。でも本人は，自分の健康と思われる範囲で副業・兼業してんだから，余計なお世話だよね。

小西　こういうのは，たとえば労働者が働きすぎで亡くなった場合の損害賠償請求事件での，過失相殺とかにも影響してくるのかもしれない。労働者が自分で管理をするという側面が，1社で働いている場合よりも強くなる。

森戸　まあ民事損害賠償だったらわりと柔軟にできますね。でも会社としてはさ，うちんところでは8時間しか働かせてないのに，ほかで5時間働いてて，それで過労死されたときに，何で責任とらないといけないんだと。過失相殺って言っても，相殺されるだけで責任はあるってことだよね。そもそもあるんですかね，って思わないかな。

小西　こういう場合でも使用者に安全配慮義務違反が認められるのか。過去の裁判例でも明確に判断したものは見当たらないですが，今後問題になってくると思います。

森戸　たとえば，兼業していることを知ろうと思えば知れた。「なん

かあいつ，仕事終わった後必ずトイレ入って，めっちゃメイクして」

小西　「どっかで働いてるんちゃうか」と。

森戸　「新地のほうに歩いていくな」と。みんなわかってる状態だったら，責任は認められるかもしれないということですね。

小西　他方で，兼業の届出がされてなかったら，過失相殺されるかもしれない，ということですかね。でもやっぱり，先ほど森戸さんがおっしゃったみたいに，うちでは8時間しか働かせてないのに，結果として亡くなった場合，損害賠償義務を負うかという問題も明確じゃないし，過失の有無に関わりますけど，そもそも事前予防として何をすべきかというところも明らかにしていかなきゃいけませんよね。労基法で定められている上限を超えていないのに，会社外のことについてまで口を出さないといけないのか。ほかのところで働いている場合には会社は何か言わないといけないのだったら，家でテレビ見てたりゲームしてたりすることについてだって……

森戸　見すぎるなよ，ゲーム廃人になるなよ，とかね。

小西　それと何が違うのかという話になる。

森戸　早く寝ろよ，とかね。お前テレビ見すぎてないか，とか，9時にはテレビ消して寝るんだぞ，みたいなことを言ったら，そりゃあ余計なお世話だよね。

小西　ドリフみたいですね（笑）。

森戸　歯，磨いたか？ みたいな。このネタもう読者わかんないだろうな（笑）。9時以降働いてないか，遅くまでバイトするなよ，副業するなよ，というのは言わなきゃいけないのだとしたら，それとの整合性の問題がね。両方とも私生活への介入じゃないかと。

小西　使用者の立場から見ると，自分の会社以外の話ですもんね。自分の会社以外の話で，かつ，労働者個人のフィールドの話だから。8時間だけしか働かせてない使用者が，そんなところまでなぜ言わなきゃいけないのかという。言うべきなのか，言う必要ないのか。言わな

きゃいけないんだったら，なぜ言わなきゃいけないのかという問題。難しいですよね。

**森戸**　出たな決めゼリフ，「難しいですよね」（笑）。

**小西**　すみません（笑）。

### ▼ 副業・兼業と労災保険⑴：給付基礎日額

**森戸**　労災保険のほうは，損害賠償と違って柔軟にやるのが難しいですよね，制度的に。

**小西**　はい。労災保険の場合，副業・兼業との関係て問題になる1つ目は，ある会社てけがをした，その場合の労災保険の給付額がどうなるのかという問題です。これはたとえばAという就業先では月給15万円で働いていて，Bという会社では月5万円稼いていると。て，Bのほうで，けがをしたときです。現行法では，AでもBでも働けない状態になったとしても，B，すなわち月5万円が労災保険給付の算定基礎となります。労働者災害補償保険法（労災保険法）というのは，労基法上の使用者の災害補償責任を担保するものだということからくる帰結です。

**森戸**　国が支給する労災保険とはいえ，もとは使用者Bの責任だから，ということですね。しかしこれだと，Aでも働けなくなったのに，給付が少なくなっちゃう。

**小西**　以前からそういう取扱いになっているようです。ただこれに対しては，厚労省の「労災保険制度の在り方に関する研究会中間とりまとめ」（2004年7月）で，複数の事業所からの報酬の合算額を基礎とすることが適当だとの提言がすでに出されています。そして，2019年12月の厚労省の労災保険部会の報告（「複数就業者に係る労災保険給付等について」）においても，同じ方向性でとりまとめられています。

**森戸**　給付額はもう合算すればいいんじゃないと。

**小西**　はい。「中間とりまとめ」でも言ってますが，厚生年金の老齢

厚生年金とか，健康保険の傷病手当金では，複数の事業場から報酬を受けている場合には，合算額を基礎とした給付がなされていますし。

森戸　確かに実際上Ａでもちでも働けなくなるわけだし。ＡとＢで稼いでいたお金がその人の生活を支えてたんですからね。じゃあそうすればいいじゃんって気がするけど，そうしたときのいちばんの問題点は何ですか，保険財政？

小西　財政の問題というより，いちばんクリアしなければいけないのは，災害補償責任との関係だと思います。

森戸　もとは労基法の責任なのにおかしいんじゃないかと。

小西　そうですね。

森戸　だから突き詰めると，もとは労基法の災害補償かもだけど，労災保険はもはや違う論理の制度になっている，と言うしかないんでしょうね。

小西　労災保険も社会保障化というか，いろいろ災害補償責任を超えて。ビヨンドで。

森戸　なんでそこだけ英語やねん（笑）。まあ，そういうことなんじゃないの。要するに使用者の責任の担保だというところから始まったけれども，それはまさにさっきの労基法と一緒で，使用者との関係ではもうとらえられない問題が出てきたから，社会保障化が進んでる，そういう対応をせざるをえないことになった，そういうことなんでしょうね。

小西　あと保険料の話が出ましたけど，ＡプラスＢで保険給付額を算定するとした場合についてですが，2019年12月の労災保険部会報告でも，Ａについてはメリット制はかけないということになりました。

森戸　メリット制って，労災が起きるとその会社の労災保険料が上がるという仕組みだよね。でも今問題にしているようなケースでは，理屈としてはそうなるんじゃないですか，Ａは関係ないんだから。

小西　そうですよね。ただメリット制というのは労災保険制度の大き

な特色なんです。そのメリット制がかからないところがどんどん増え
てくると，それはまさに労災が使用者責任から離れてどんどん社会保
障のほうに。

森戸　副業・兼業の話は，労基法の趣旨も変え，労働法おくりびとに
なり，そして労災保険も社会保障化していくわけや。

小西　そうですね。

森戸　でもそれが本当の，もう労働法なんかいらないでしょうという
のが，安倍政権の陰謀なのかもよ。

小西　（笑）。

### ▼ 副業・兼業と労災保険（2）：業務上外認定

小西　現行法では，就業先Ａだけで週65時間業務に従事して脳・心
臓疾患を発症した場合には過労死ライン（時間外労働月100時間）以
上になるので労災認定されるのに対して，就業先Ａ・Ｂを兼業して，
就業先Ａで週40時間，就業先Ｂで週25時間の業務に従事した労働
者が脳・心臓疾患を発症した場合には労災認定されない取扱いになっ
ています。

森戸　労災認定されないんだね。でも過労死ラインていうのは，所詮
行政の勝手な基準じゃん。労災保険でね，トータルではやっぱり
100時間を超えていて，明らかに過労で増悪して発症したと思われ
るっていう事案が出たときに，裁判所として，行政の基準には沿って
ないけど過労死と認定します，って言えないこともないのでは？

小西　これについては関連する裁判例が出ていまして。大阪地裁平成
26年9月24日の判決です。そこでは，労災保険法12条の8第2
項が引かれています。労災保険給付は労基法の災害補償の事由が生じ
た場合に行うと定められています。

> 12条の8　②　前項の保険給付〔業務災害に関する保険給付〕（傷病補
> 償年金及び介護補償給付を除く。）は，労働基準法第75条から第77条

まで，第79条及び第80条に規定する災害補償の事由……が生じた場
　　合に，補償を受けるべき労働者若しくは遺族又は葬祭を行う者に対し，
　　その請求に基づいて行う。

森戸　そうか，そんな条文あったか。

小西　労基法によれば，業務上というのは，当該使用者の下での業務，
ということなので。

森戸　なるほどね。そうすると，現行法の解釈では無理なんですかね。
ただね，さっき出てきた労基法38条に関する厚労省の解釈では，事
業場を異にする場合も，労働時間を通算しろって言ってるんだよね？
そこでは通算すると言っているんだから，災害補償のほうでも通算し
ろみたいにはならないのかな。

小西　確かにそうですね。労働時間のような問題が災害補償の場面で
は意識されてなかったんでしょうかねえ。でもこの点も，2019年
12月の労災保険部会報告では，A，Bいずれの就業先も労基法上の
災害補償責任は負わないけれど，他方で，新たに労災保険給付を行う
ことが適当だとしています。

森戸　なんか急に動きが激しくなってきたね。保険料，メリット制の
ほうはどうなの？　この場合，A，Bどちらか一方の就業先だけでは
過労死ラインを超えていないよね。

小西　この点も2019年の労災保険部会の報告では触れられていて，
いずれの事業場についてもメリット制は適用されないとしています。
そしてあれよあれよという間に，2020年3月にはこの報告に基づく
かたちで労災保険法が改正されました。

森戸　労災保険法の結構根幹に関わるところが改正されたんだね。
2020年は，高年法の改正もあったし，トークライブでは取り上げて
ないけど賃金債権の時効の改正（労基法115条，同法附則143条3項）
もあったし，労働法にとって重要な年になったね。

## ▼ 副業・兼業と雇用保険

森戸　雇用保険の問題って，2か所で働いていて，失業したっていう場合？

小西　2か所で並行して働いていて，1つだけ失業したっていう場合は，これはもちろん別のほうでまだ働いてますので……

森戸　給付は出ないんでしょ？

小西　出ないです。

森戸　「失業」の要件を満たさないんだよね。

小西　だから，でもそれでいいのかという議論も出てくることにはなってくるかなと思います。

森戸　部分失業みたいなものを認めるとか。フランスとかにもあったな，そういうの。

小西　ドイツでもあるし。

森戸　何だっけ，部分失業，ショマージュ・パルシェル（chômage partiel）だったかな。

小西　フランス語はやっぱりおいしそうですね。

森戸　フレンチに行ってさ，「ショマージュ　エ　リサンシモン（chômage et licenciement）の香を添えた，シェフの気まぐれサラダ」みたいなのが出てきたら，「ヤバイ，おいしそう！　映え映え！」ってなるのかな，やっぱ。いやいやそれ失業と解雇のサラダだから！

小西　（笑）。冗談はさておき，雇用保険についても，2019年12月に，厚労省から雇用保険部会報告が出ています。雇用保険制度では，マルチジョブホルダーも雇用保険制度の対象になるのか，そして，そうした人たちはどのような場合に失業給付をもらえるのかが問題になりますが，雇用保険部会報告では，まずは，65歳以上の労働者を対象に，2つの事業所の労働時間を合算して「週の所定労働時間が20時間以上である」場合には雇用保険を適用する制度を試行・検証し，その上

THEME 10　副業・兼業 ─

でこの場合には，一事業所だけを離職するときにも失業給付を給付する仕組みが示されました。そして，この報告の方向に沿うようなかたちで，2020 年 3 月に雇用保険法も改正されました（関連箇所は，2022 年 1 月施行）。雇用保険制度の見直しはそれだけでいろんなポイントがありますが，時間もないので，Closing に行きましょう。

## Closing

### ▶ 意識高い系若者たちへ

森戸　モデル就業規則での扱いが副業・兼業原則禁止から原則可能という方向に変わったけれども，そもそもその前から，会社が副業・兼業を当然に禁止できるわけじゃありませんでした。今のモデル就業規則が標準的なパターンだと思ったほうがいいよ，ということですかね。

小西　そうですね。

森戸　繰り返しになるけど，副業・兼業を適法に禁止できるのは，全体にあまりに長時間労働になるときとか。競業関係が生じる場合とか。結局，本業に差し障る場合なんだよね。

小西　うん。

森戸　それ以外の場合はできるんですよと。みんな流行やからやったらええよと。確かに，この時代いつクビになるかもわからないから，リスクヘッジにはなるかもしれない。そういうふうには言えるよね。

小西　リスクヘッジにはなります。ただ他方で，働きすぎることになった場合に，現行法で保護されない場合もあるということも，あわせて知っておくことが必要ですね。1 社で働く場合の救済がこれまでの労働法のベースだったということで。ただ，労災保険法は改正されて救済の範囲やレベルが広がりました。

森戸　でもいずれにしても過労死ラインを超えないようにしたほうが

いいよね。体に気をつけてねっていうのが，アドバイスかな。

小西　そうですね。

森戸　意識高いんだから，でも働きすぎちゃう可能性があるよね。

小西　意識高い人のほうがね。

森戸　トレンドや，何かやらな，みたいな。何か兼業しよう，何か起業しよう，みたいなね。

## ▶ 現場の労使の皆さんへ

森戸　労使って，あまり今日は話題に出なかったけれども，この問題，労働組合とかはどう考えているんだろう？

小西　副業・兼業に対してはそれほど積極的でないと思います。

森戸　それはルールが定まっていないからっていうこと？　パンドラの箱のさっきの話じゃないけど。

小西　そうです。使用者側も，自分のところで頑張ってほしいっていう会社が少なくないと思います。

森戸　本音はそうなんでしょうね。

小西　他方で副業・兼業を認めたほうが労働者の自由が広がるっていう側面もある。

森戸　労働者としてはね。でも反対に，会社はいつかクビにするつもりなのか，という心配も高まるかもしれない。

小西　労働者の健康の問題もあるし。

森戸　結びつきが薄くなっちゃうんじゃないかとかもね。そういうのを組合とかで，どうやってまとめていくのかっていう。

小西　そうですね。労働者のニーズもたぶん多様だと思うんですよね。最近急に副業・兼業が社会的にも世間的にも取り沙汰されてきている中で。

森戸　ちょっと職場に戸惑いがあるかもしれないよね，急に副業・兼業みたいな花火が上がってきたけども，それどういうこと？　ってい

う。それこそまさに労使で考えたほうがいい，議論すべきテーマではあるよね。まあいずれにしても，副業とか兼業とか全くそんなことを考える余地もなく，ブラックに働いているっていうのがいちばん問題だよね。だから，労使でそういう議論をしてみるのは大事かもしれません。結果的に誰も副業・兼業しなくても，職場の問題点を洗い出すきっかけにはなる。

小西　企業のほうも，副業・兼業をした結果が，また自分のところに戻ってくるっていう期待もできるかもしれない。

森戸　マイナスな話だけじゃないよと。縛るだけが芸じゃないよと。会社として戦略的にも使えるかもしれないよと。

小西　そうですね。そういういろいろなきっかけにしてほしいなという感じはします。

### ▶ 霞が関の皆さんへ

森戸　突き詰めると，労使1対1の従属的関係，そこからの脱却みたいな方向に踏み出すのかどうかですね。でも厚労省は，そういう伝統的な労働関係に，もしかして学者以上にこだわりがあるんですかね。

小西　どうですかね，最近は「雇用類似の働き方に関する検討会」とかも立ち上げてたりして，それほどは縛られていないかなっていうところはありますけれども。

森戸　省益縮小にはならないということですかね。ほかの縄張りを侵すということでもない？

小西　本当にできるかわからないですけど，厚労省には，まさに文字どおり厚生と労働という，より広い視野で考えていくことが求められているのかもしれない。

森戸　伝統的な労働法とか労働とか従属的な枠組みにこだわらず，本当に働く人，国民にとっていい政策は何かという観点から，政策を講じていってほしいということですかね。

小西　そうですね。

森戸　別に労働法なんかなくなってもいいじゃないかと。これは「小西」発言ということで。

小西　やめてください（苦笑）。あとは，今日は議論できませんでしたが，社会保険も雇用を基礎としているから，そこを含めてどうするのかという，すごく大きな問題もありますよね。

森戸　話ちょっと逸れるけど，「厚生」のサイドでは，企業年金から私的年金・個人年金へという流れもあるんです。まさにそれと一緒だね。もう「雇用」だけをベースに考えてはいられないんじゃないかという議論。それは年金の世界ではすでにやってるし，社会保険の世界でもやってる。ある意味，労働の世界がいちばん遅れていたのかもしれない。

小西　なるほど。そもそもの根本の労働法の世界こそ，そういう議論が必要になってくるのかもしれない。いよいよそこを……

森戸　ついにパンドラの箱が。

小西　踏み込んで議論していかなければいけないということなのかもしれないですね。

森戸　そうするともう労働法じゃないね。何だろう。人間法？　生活法？　いいネーミングを思いつかないけどね。

小西　キャッチーなネーミングは難しいですね。

森戸　出た！　また「難しい」だ。

- - - - - - - - - - - - - - - - - - - - - - - - - - - - - - - - - - - - - - - ══ **Answer** ══

　リミニは兼業していたことを理由としてモナコから解雇されているが，就業規則に兼業禁止が定められていたとしても，当然には解雇できず，会社としては業務への支障があることを明らかにする必要がある。他の従業員より勤務態度がよく成果もあげているということであれば，リミニを解

雇することは難しいといえるだろう。

　リミニが受給する労災保険給付については，現行の労災保険法の取扱いでは，傷病の原因となった会社の賃金額を基礎として算定することとなっているので，モナコでの賃金のみが算定基礎となる（ミッシェルでの賃金は算定基礎に加えられない）。ただし，この取扱いは今後変更される。

荒井太一弁護士によるコメント

「兼業の議論はやはり蟻の一穴」

　私は兼業・副業は解禁していくべきだと考えていますが，もともと日本型雇用は絶対的なものなのだろうかという問題意識がありました。終身雇用でクビになることを心配する必要がなく，よくできたシステムではありますが，他方で，職種も勤務地も限定されておらず，基本的に自分の職業人生を常に会社に委ねる。緊張感も少なく成長意欲が湧きづらい。私が特に気にしているのは，働いている人がキャリアを選べない，会社任せになる，というところです。生き生きと働けているのか，窮屈な働き方になっているのではないかと疑問に思いますし，有名な大企業で働くエリート層について言うと，会社に言われたことをやるという働き方でおさまっているのはもったいないという気もします。

　日本型雇用は今後も続いていっていいとは思いますし，そもそもすぐに全面的に変えることは不可能だと思いますが，たとえば本業とは別に，休日に他にやりたい仕事をやるということがあってもいいのではないか。転職とまではいかないとしても，部分的な流動化としての兼業という形がありうるのではないか。そのように注目してきました。

　兼業を解禁すると，1社における雇用責任というものが相対的に低くなるという副作用は出てくるでしょう。使用者の雇用責任が薄らぎ，日本型雇用が変わり，そうすると，日本型雇用が前提となっている日本の労働法なりその考え方なりも変容していく。**Talking** でお話しされているように，蟻の一穴だと，そう思っていますし，そうした時代に合った雇用システムのアップデートこそ求められていると考えています。

「労働時間をどう考えるか？」

　兼業では労働時間の問題もありますが，労働時間の通算というのは，技術的にも困難でしょうし，理論的にも本当にその必要があるのかどうか。特に，残業代の支払の場面で労働時間を通算して割増率をかけ

T
H
E
M
E

**10**

副業・兼業──

るというのはフェアネスとしてどうなのだろうと思います。

　労働時間規制の本質的なポイントは，労働者の安全配慮ということだと思います。労働者が兼業によって長時間労働となり危機的な健康状態にあるというような場合には，使用者に特別な配慮義務が生じるでしょうから，その部分で労働時間を見て安全配慮義務をかけていくというのは１つの考え方だろうとは思います。規制をするのであれば，労基法上の労働時間通算ではなく，労働安全衛生法上の義務については労働時間を通算した上で措置を課していく対応が理想ではないでしょうか。

　また，労働契約上の義務から派生する労働者に対する安全配慮義務という観点で考えていく場合には，企業としては，一般的な安全配慮義務を考えていけばよくて，兼業だからということで何か変わるということではないのではないかと思います。兼業も含めて管理しなければならないということで，「このあと兼業で何時間働くんだ」という介入を認めるのだとすると，同じように，「家に帰っても２時間以上ゲームはしてはいけない」「昨日何時まで起きていたんだ」といった介入も認められるはずという話にもなり，プライバシーの問題になります。通常は一般的な義務を果たしておけばよくて，明らかに体調が悪そうだといった特段の事情が感知される場合に初めて積極的に介入する必要が生じる，という考え方でよいと思います。

　なお，労基法は労働者個人単位の労働時間の総量規制をも課しているという考え方もありえますが，その時間を超えて働くのは国として許さん，ということになる。パターナリスティックな感じがしますし，労働する権利の制約にもなるわけですよね。労働者が働きたいと思っても，それを受け入れてはいけないということで，人権に対する直接的な制限になる。あるいは，借金があるからどうしても働きたいというときでも，総量を超えるからだめだよ，と国が言う。それが本当にいいことなのかどうかはよくわかりません。

## 「全体をうまくとらえて兼業解禁を」

　兼業解禁の議論の中で，エリート層の雇用流動化というイメージと

は別に，生活の苦しさからそうせざるをえない人が仕方なく兼業をしているという実態があるのではないか，ということも言われます。ただ，だから兼業は制限すべきだ，としてその方向に舵を切ると，結局，そういった人たちの働き口がなくなることになります。兼業者の保護に全くならない。なぜなら，労働時間通算を徹底しなければならないとした場合，「今日は本業で8時間勤務してきたので，兼業先では勤務開始と同時に割増率がかかります」というのでは，企業はおよそ受け入れないと思います。企業としては，そこまでして兼業者をあえて雇う理由はありません。また，本業の使用者が「労働時間通算をすれば三六協定の時間を超えてしまう。うちが残業させられなくなるから兼業禁止」というロジックも出てきてしまい，これまで裁判所が「兼業は原則自由」と言ってきたこととも整合しません。

　ほかに，労働時間を通算しないと，企業が法人を2つに分けて1人の労働者を両方で長時間働かせる危険がある，という指摘もあります。ただそれは脱法的な行為であって，そもそもそれは兼業ではなく，兼務出向として整理し，労働時間を通算するのが当たり前だという気がします。そういう例外的なところをとらえて全体を否定しては本末転倒でしょう。

　**Talking** でもご指摘のあったように，もうパンドラの箱は開けてしまったのですから，日本の雇用のあり方がよい方向へ変わっていくようにうまくルールデザインをしていかないといけないのだと思います。

---

あらい・たいち　　森・濱田松本法律事務所。労働案件を多く手がける。

アンコール？

森戸　盛大なアンコールありがとうございます！

小西　大して呼ばれてないのにすぐ出てきちゃった感じですけど。

森戸　コロナビールで乾杯だね。

小西　あんまり笑えないですけど……それにそれは打ち上げですやん，まだアンコールですから。アルコールはまだですから。

森戸　昭和っぽいけどうまいこと韻踏んだ……じゃここで感想を。どうですか，トークライブやってみて。かなり濃厚接触でやりましたけど。

小西　だからそのネタはダメです（苦笑）。そうですね，結構斬新なつくりのこの本が，どの程度読者の皆さんの心に響くのか，正直わかりませんけど，でもちょっとでも役に立った，面白かった，考えさせられた，と思っていただければ，それで十分です。

森戸　そうですね，それなら本邦初公開の労働法トークライブはとりあえず成功ですね。さてては打ち上げに……

小西　いやいやまだですよ，最後これを忘れちゃ大変です。えー，ライブの成功は，表舞台に立つ演者だけでもたらされるわけではありません。さまざまな形で裏方として働く多くのスタッフの精魂込めたサポートがあって初めて，オーディエンスの心が動くのだと思います。ですので……

森戸　そうか，それがあった！　伝統あるお堅い法律出版社である有斐閣的にはどうなんだろうというこの企画を力技で通していただき，かつ構想から出版のメドが立つまでの予想以上にまあまあ長い年月，怠惰な著者2人を辛抱強く支えていただいた，有斐閣書籍編集部の三宅亜紗美さんには，ただただ感謝です。

小西　三宅さんの存在なしには，決してこの本が世に出ることはなか

ったですね。あらためて，本当にありがとうございました。2人で盛大に拍手しましょう！

**森戸**　ということで，そろそろはけますか。今度こそ打ち上げだ！

2020年5月

森戸英幸・小西康之

著 者

森戸英幸（もりと ひでゆき）

慶應義塾大学法科大学院教授

主な著作：『プレップ労働法〔第 6 版〕』（弘文堂，2019 年）

　　　　　『労働法〔第 4 版〕（LEGAL QUEST）』（共著）（有斐閣，2020 年）

小西康之（こにし やすゆき）

明治大学法学部教授

主な著作：『労働法〔第 4 版〕（LEGAL QUEST）』（共著）（有斐閣，2020 年）

労働法トークライブ

2020 年 7 月 10 日　初版第 1 刷発行

著　者　森戸英幸
　　　　小西康之

発行者　江草貞治

発行所　株式会社有斐閣

〒 101-0051
東京都千代田区神田神保町 2-17
電話　03-3264-1314（編集）
　　　03-3265-6811（営業）
http://www.yuhikaku.co.jp/

印刷　大日本法令印刷株式会社
製本　牧製本印刷株式会社

©2020, Hideyuki Morito,
Yasuyuki Konishi.
Printed in Japan

落丁・乱丁本はお取替えいたします。
定価はカバーに表示してあります。

ISBN 978-4-641-24338-5